働く人を守る！

職場六法

ロア・ユナイテッド
法律事務所 代表
岩出誠

講談社

はじめに

2020年に世界中に広がったコロナ禍によって、日本でも企業や働く人たちに大きな衝撃が走りました。経済活動の自粛による内定取消、雇止め、解雇といった大きな見出しが新聞やインターネットニュースをにぎわせたのもリーマンショックの時以来のことでした。

これらのことは、改めて労働問題を見直す機会となりました。これまでも問題になっていた長時間労働やハラスメント、育児や介護の環境などといったテーマに加えて、企業の業務縮小による影響やテレワークに伴う在宅勤務に関連するものなど、新たな問題点が現れてきたのです。国も労働に関するさまざまな法律を作って対応しています。しかしながら、多くの人は困惑し、困難な状況をあきらめて受け入れています。

ここで大切なのは「法律を知らないために不利になる人が、圧倒的に多い」ということです。言い換えれば、「法律を知っていれば、自分自身を守ることができる」可能性が大きくなるのです。労働に関する法律は、働く人を保護するためのものだからです。

私は労働問題専門の弁護士として、40年以上にわたって400件以上もの労働問題を扱ってきました。同時に、多くの労働相談を行って、悩みを抱えた方の声に耳を傾けています。これらの経験を通して、働く人にとって役立つと思われる内容を一冊にまとめました。

法律を網羅した本といえば、『六法全書』を思い浮かべる人が多いでしょう。そこで、「働く人を守る法律をまとめた本」という意味を込めて『職場六法』と名付けました。

　本書では、困った問題を抱えたときに「どの法律が働く人を助けてくれるか」を、イラストとわかりやすい文章でまとめてあります。実例も紹介していますので、ぜひ参考にしてください。
　本書が、働くみなさんが抱えている問題の解決の糸口になれば幸いです。

弁護士　岩出誠

もくじ

CHAPTER 4　労災

仕事が原因の事故や病気は補償されるの？

[仕事中の事故、過労死、健康診断、休職時の補償etc.]

CHAPTER 5　家庭との両立

育児、介護と仕事を両立するには？

[解雇、育児休暇・介護休暇、時短勤務etc.]

待遇格差だとあきらめないために
[有給休暇、同一労働同一賃金、雇止め、再雇用etc.]

知っておこうトラブル解決策

相談窓口・相談方法・解決手段

どこに相談する？

相談するためには？

INTRODUCTION

職場でのトラブル、
どうしたら解決できる？

いろいろな法律によって
働く人の権利が
守られています

性差別を
受けていない？

男女雇用機会均等法
差別のない職場環境を
つくります

仕事内容は？
残業が多すぎない？

労働基準法
働く人の権利を守ります

お給料は？

労働契約法
働く人と会社が
対等であることを
守ります

今、職場でいろいろな悩みを抱えながら働いている人がたくさんいます。解決したいと思いながらも、どうすればいいのかわからないまま、つらい日々を過ごして耐えている人も多いでしょう。そうした人たちのために国はさまざまな法律を作り、労働条件や労働環境の改善を目指しています。ただ耐えるのではなく、どのような法律があるのかを知ることは、抱えている問題を解決する糸口になるのです。

子育て、介護との
両立は？
育児・介護休業法
家族生活と仕事の
両立を守ります

非正規雇用の
待遇は？
**パートタイム・
有期雇用労働法、
高年齢者雇用安定法**
すべての働く人の権利
を守ります

安心して働ける？
労働安全衛生法
働く人にとって
安全で快適な環境を
守ります

自分を守るために
法律を知っておきましょう

　働く人を守るための法律を知っておくと、職場で困難な状況に置かれたときに、どう対応すべきかが判断しやすくなります。そもそも、働く人は労働を提供するという契約を会社と交わしていて、その契約内容（就業規則など）が働く人の不利益になることは合理的な理由と適正な手続きを踏んでいない限り、法律で禁じられています。働く人は自らの権利を知り、法律を知ることで、自分自身を守ることができるのです。

例えば……

突然の解雇

　合理的な理由がなく会社の都合により一方的に解雇することは法律で禁じられています。「非正規社員だから仕方がない……」とあきらめないで。労働基準法をはじめ、パートタイム・有期雇用労働法、労働者派遣法など正規雇用ではない人を守る法律があります。

→ CHAPTER 1

賃金の未払い

「会社が倒産、まだもらっていない給料はあきらめるしかないの……」。いいえ、国が補償する未払い賃金立て替えの制度があります。雇用保険に加入していたのなら失業中に給付される失業手当も、通常よりも早く受け取ることが可能です。

→ CHAPTER 2

パワハラ・セクハラ

上司や同僚からの嫌がらせがつらい、でも訴えたら仕事がやりづらくなるかもしれないし……。法律で会社にはハラスメントについての対応策を取ることが義務づけられています。訴えたことによる不利益な扱いも禁止されています。

→ CHAPTER 3

この本の見方

　この本では、働く人の悩みやよくある疑問を取り上げて、その問題に関係する法律（法令）や裁判が行われた事例を紹介しながら、解決する手がかりについてわかりやすく解説しています。また、困ったときにどこに相談すればよいかも 紹介しています。

悩みから解決！
職場でよくあるトラブル、疑問など
働く人の悩みをピックアップ

あなたを守ってくれる法律
悩みを解決するために、
まず働く人が知っておきたい
法令を紹介

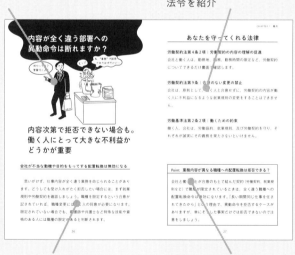

会社の対応、それでいいの？
会社や上司の対応は
違法にならないのかを簡単に
わかりやすく解説

法律を理解するためのポイント
上記で紹介した法律について理解を
深めるためのポイントを紹介

職場での悩みは千差万別、一つのケースですべてをカバーすることはできませんが、似ているケースを参考にすることで解決の糸口が見えてきます。相談窓口や具体的な解決策については、巻末に紹介しています。

解決の指針となる判例
前のページで取り上げたトラブルや悩みに関連する裁判の概要を紹介

こんな時どうする？
具体的な悩みをあげて、どう対応すべきかの解決策を紹介

補足情報
法律を味方にするために、さらに深く知っておきたい情報の解説

この本について

主な法律について

さまざまな労働関連の法律のほか、働く人に関わる憲法や民法なども取り上げています。法令は2020年10月現在の内容に基づいています。

法令名・裁判所名の略記について

法令のなかには、とても長い名称のものがあります。特に長い名称は略しています。主な法令についての正式名は206ページにまとめました。

法令の掲載順について

本文中で紹介している「あなたを守ってくれる法律」は、左ページで紹介した働く人の悩み、トラブルを解決するために知っておいていただきたいものを選び、最も必要と思われるものから順に掲載しています。

また、法令内容は法律用語そのままではなく、わかりやすい言葉に書き換えています。

事件名（判例）の表記について

以下のように略して表記しています。

例）大日本印刷事件／最高裁小判決 昭54・7・20……

（正式名）最高裁判所昭和54年7月20日第二小法廷判決

統一表記について

さまざまな呼称があるものは、以下のように統一しています。

（一部例外があります）

働く人……会社に使用されて賃金をもらう人／働き手、労働者、従業員

会社……働く人に賃金を支払う側／雇う人、使用者、企業、事業主

CHAPTER 1

雇用

こんなはずじゃなかった!?
会社との約束

就業規則

内定取消

解雇

時間外労働

etc.

働く人の権利は労働基準法で守られています。
労働契約は働く人と会社が互いに納得し合意する約束です

　「入社したら予想以上にハードな仕事だった」「拘束時間が長く体調を崩してしまった」──。会社からの過度な要求や理不尽な扱い、働く人はただ耐えるしか方法はないのでしょうか。

　業務内容や労働時間などで、働く人に一方的な負担をかけることは法律で禁じられています。特に、「働く人が人らしく生活でき

る労働条件でなければならない」と定めているのが労働基準法です。労働基準法は、「働く条件はこれ以下ではいけません」という最低の基準を示す法律で、働く人にとってよい労働条件にするように会社は努力しなければならないとしています。

そして、働く人が納得できないまま働かねばならないことがないようにするための法律が労働契約法です。この法律は、労働条件を定める労働契約については、会社と働く人が話し合い納得した上で契約を結ぶことを原則とし、その他の基本事項を定めて働く人を保護し、安心して働けるようにすることを目的としています。

「労働契約法」には、5つの原則があります。これらは、会社と働く人がお互いに結ぶ約束です。

1. 対等の立場であること。(労使対等の原則)
2. 実態に応じて均衡を考えながら約束したり変更したりすること。(均衡考慮の原則)
3. 仕事と生活の調和を考えること。(仕事と生活の調和への配慮の原則)
4. お互いに誠実に義務を果たすこと。(信義誠実の原則)
5. 契約した権利を濫用しないこと。(権利濫用の禁止の原則)

これらの上に、さらに細かな法律を作ることで、働く人の労働条件を守っています。

「業務命令だ」と無理難題を押し付けられて困っています

約束された範囲を超えた命令や実現不可能な業務命令は無効。就業規則を確認しましょう

就業規則にないことを働く人に強要できない

　業務命令の中には約束された範囲を超えた命令や実現が難しいものもありえます。そういった場合に問題となるのは、実現不可能な仕事の要求は深夜までの残業や休日出勤につながるなど、働く人に大きな負担をかけることになりかねないということです。働く人を労働基準法の基準を下回るような状況から守るための就業規則を作ることが求められています。

あなたを守ってくれる法律

労働基準法第89条｜就業規則　作成及び届出の義務

常時10人以上の働く人がいる会社は、就業規則を作成して労働基準監督署長に届け出なければなりません。

労働基準法第90条｜労働者への配慮

会社は就業規則の作成・変更をする際には必ず働く人側の意見を聴かねばなりません。

労働基準法第92条｜法令遵守の義務

就業規則の内容は法令や労働協約に反してはなりません。

Point　就業規則は働く人と会社のルールブック

就業規則に必ず記載しなければいけない事項

1. 始業及び終業の時刻、休憩時間、休日、休暇、交代制に関する事項
2. 賃金に関する事項
3. 退職に関する事項

就業規則は会社が一方的に作成するのではなく、働く人の意見を聴いた上で作成されるものです。

働く人のためにある就業規則

　会社で何か問題があった場合は、まずは就業規則を確認しましょう。会社が定められている内容とは違うことを強要した場合は、働く人には拒否する権利があります。さらに、法律に照らして違法である場合には、会社は是正しなければなりません。一方、労働契約（就業規則の内容を含む）を結んだ働く人には会社の秩序を守る義務が生まれ、秩序を乱したときには、会社は罰を与えることができる懲戒権（叱責することができる権利）が与えられています。就業規則は会社ごとに設けられたルール。働く人も会社も就業規則を基に、快適な職場環境を守りましょう。

Point　会社からの叱責の種類と重さ

軽

戒告（かいこく）	
けん責 ——————————	始末書の提出を命じて、将来を戒める
減給 ——————————	一回につき平均賃金の半日分で、複数の
出勤停止	処分がある場合に最大で月給の10分の1
懲戒休職	を限度に賃金をカット
賞与支給停止	停止期間中は無給
昇給・昇格の停止・延期	休職中は無給
降格	
諭旨解雇（ゆし） ——————————	本人に諭し退職を促し、応じなければ懲戒解雇（退職金減額）
懲戒解雇（ちょうかい） ——————————	最も重い処分であり、労働契約を打ち切られる。退職金なしの場合が多い

重

こんな時
どうする
？
W

会社から感染防止のためのフェイスシールドを
貸与され、「着用しないで働いた場合、
業務命令違反で懲戒処分する」と言われました。
うっかり付け忘れても懲戒処分になりますか？

　会社には就労中の服装について、ある程度指示する業務命令の権限があります。業務命令の内容が就業規則などに定められている場合には、働く人は懲戒（叱責）される可能性があります[1]。仮に、フェイスシールドの着用まで明記した詳細な規定がなくても、着用を求めることは働く人の感染防止を図るための合理的命令であり、命令自体は有効です。しかし、就業規則に懲戒規定がなければ、働く人を懲戒処分することはできません[2]。

　「仕事中にマスクをするように」と言われた場合も同様で、会社には働く人の健康について安全を配慮する義務があり[3]、感染予防のためのマスク着用を義務づけているとしたら業務中の服装の指示とみなされます。マスクの購入費用も、厳格には会社支給の制服と同様に「労働者に負担をさせる場合」として就業規則の根拠が必要です[4]。しかし、風邪予防のためにマスクの自費での購入と着用を求めるのは合理的命令の範囲内と思われます。

[1]： 労働基準法第89条　[2]： 労働契約法第15条　[3]： 労働契約法第5条
[4]： 労働基準法第89条5号

内容が全く違う部署への
異動命令は断れますか？

何やってるの？
営業行くよ！

えっ!?

私、"事務"で採用
されたはずだけど…

内容次第で拒否できない場合も。
働く人にとって大きな不利益か
どうかが重要

会社が不当な動機や目的をもってする配置転換は無効になる

　思いがけず、仕事内容が全く違う業務を命じられることがあります。どうしても受け入れがたく拒否したい場合には、まず就業規則や労働契約を確認しましょう。職種を限定するという合意が記されていれば、職種変更には働く人の同意が必要になります。限定されていない場合でも、看護師や弁護士など特殊な技能や資格のある人には職種の限定があると判断されます。

あなたを守ってくれる法律

労働契約法第4条2項｜労働契約の内容の理解の促進

会社と働く人は、勤務地、職務、勤務時間の限定など、労働契約についてできるだけ書面で確認します。

労働契約法第9条｜合意のない変更の禁止

会社は、原則として、働く人と合意せずに、労働契約の内容が働く人に不利益になるような就業規則の変更をすることはできません。

労働基準法第2条2項｜働くための約束

働く人、会社は、労働協約、就業規則、及び労働契約を守り、それぞれが誠実にその義務を果たさないといけません。

Point　業務内容が異なる職種への配置転換は拒否できる？

会社と働く人とが合意のもとで結んだ契約（労働契約、就業規則など）で職種が限定されているときは、全く違う職種への配置転換命令は無効になります。「長い期間同じ仕事を任されてきたから」という理由で、異動命令を拒否するケースがありますが、単にそうした事実だけでは拒否できないので注意をしましょう。

判例

業務系統の異なる仕事への異動には、本人の合意が必要

　病院で、医療事務職員として採用された人が、ナースヘルパーへの異動を命じられました。全く違う職種への転換に納得できないと異動を拒否したことで解雇されてしまいました。

　裁判所は、就業規則には「正当な理由なくして異動を拒むことはできない」と定められているとはいえ、医療事務職員とナースヘルパーでは業務内容が根本的に異なり、事務職として採用され働いてきた人を配置転換する合理的な理由が認められず、また病院側が解雇理由の基準としてあげた就業規則の「勤務成績または労働能力が低劣で業務に耐えられないとき、または同様程度の理由があるとき」には該当しないとして、解雇は無効としました。

→直源会相模原南病院事件／最高裁判決　平11・6・11

Point　働く人に大きな不利益が生じるか否かがポイント

就業規則などに職種の限定事項がなく、会社には働く人を配置転換する権利があったとしても、それが会社の経営上やむをえない異動と認められず、働く人に大きな不利益となる場合は、会社の権利の濫用と認められて配置転換命令が無効になるケースがあります。

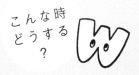
こんな時
どうする
？

関連会社への出向を命じられ応じましたが、
待遇が明らかに低下しています。
本社に改善をお願いしたところ、
「将来的には転籍してほしい」と言われました。

　現在の職場に在籍した状態で、関連会社や子会社で長期にわたり勤務することを出向といいます。会社には、出向先での身分や労働時間、賃金などの待遇について就業規則に定めることが求められます。「出向先を限定し、出向社員の身分、待遇等を明確に定め、これを保証することが必要」とする判例[1]もあり、まずは就業規則に出向制度についての記述があるかを確認してみましょう。

　就業規則に明確にその詳細が定められていない場合には、出向先での待遇や出向元への復帰などについて会社は働く人に提示し、同意を得なければいけません。また、労働契約法第14条によれば、会社が出向を命じるときに、出向の必要性や人選に権利を濫用したものと認められた場合には、命令そのものが無効となります。

　転籍については同意なくして会社が命じることはできず、これを拒否することで解雇されたことを無効とする判例[2]もありますので、自分の意思をきちんと会社に伝えましょう。

[1]： ゴールド・マリタイム事件（大阪高裁 平2.7.26）
[2]： 千代田化工建設事件（最高裁 平6.12.20）

内定を取り消されて本採用されず、困っています

会社は合理的な理由がなければ内定取消や本採用拒否はできません

「内定」とは、"一定の条件付き"の労働契約

　採用試験を受けて合格し、採用内定の通知が来た時点で原則として会社と働く人の間に「一定の条件付き」の労働契約「内定」が成立します。多くの会社では内定後、社員として適正かを判断するための「試用期間」になります。「一定の条件」とは「試用期間中に正当な理由があれば解約（内定取消）できる」というものですが、解約には社会通念上相当とみなされる理由がなければなりません。

あなたを守ってくれる法律

労働契約法第16条｜解雇

労働基準法第21条4号｜試用期間

採用内定によって、労働契約が成立しています。通常の解雇と同じように、客観的に合理的な理由がなければ解雇できません。

労働基準法第21条但書（ただしがき）｜解雇の予告

試用期間14日以内の人を解雇する場合は、解雇予告はしないでよい（労働基準法第21条4号）が、試用期間中にあっても、14日を超えて引き続き使用されている場合は、解雇予告が必要です。

労働基準法第15条｜労働条件の明示

たとえ内定の場合でも、本来は会社には労働条件を明示する義務があります。

Point　こんな理由なら内定を取り消されることがある

・学業に影響を与えない入社前研修に参加しなかった

・内定時に約束した身元保証書など必要書類の不提出

・学生時代に暴力的な刑事事件で逮捕されていたことが発覚

・経歴に重大な偽りがあった

・入社前に病気やケガなどをして正常な勤務ができない

・4月までに卒業できなかった

判例

内定取消が認められなかったケース

その人の印象を理由に内定取消

　大学生が入社2ヵ月前に採用内定を取り消され、従業員としての地位確認、4月1日以降の賃金と慰謝料の支払いを求めて会社を訴えました。会社は「グルーミー（陰気）な印象があるものの、それを打ち消す材料が出るかと期待したが、印象は変わらず不適格として内定を取り消した」と説明。最高裁判所は「その理由は一般的に受け入れられず、解約権の濫用である」とみなしました。

→大日本印刷事件／最高裁小判決　昭54・7・20

採用条件変更の拒否による内定取消

　別の会社からスカウトされて退社届を出し準備していた人が、入社2週間前になって経営悪化を理由に突然内定取消に。これに対し、会社の対応が不誠実で、働く人の被害を考えると内定取消は社会通念としては認められないと判断されました。

→インフォミックス事件／東京地裁判決　平9・10・31

内定取消・本採用拒否が認められたケース

資質や協調性の改善が見込めない

　試用期間中の研修時の問題行動などにより、従業員としての資質や能力等の適格性不足と改善の可能性が少ないとみなされました。

→日本基礎技術事件／大阪高裁判決　平24・2・10

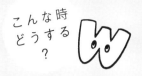

こんな時どうする？

採用内定をもらっていた会社から、「コロナ禍により事業縮小になったため、内定を取り消す」と連絡がありました。どうしたらいいでしょうか？

　採用内定によって労働契約が成立しているため、会社は自由に内定を取り消すことができません。内定取消は、通常の解雇と同じように客観的に合理的な理由がなく、常識的に認められなければ無効です。もう少し詳しくいうと、①会社の経営的に内定取消をしなければならない必要性があるか、②会社が内定取消を避ける努力をしたか、③内定取消をする人の人選が適正か、④会社が本人と誠意を持って話し合いをしたか、が問われます。これら4つの内容を満たさなければ、事業縮小だけを理由に内定を取り消すことはできません。

　国は新卒の採用内定者について特段の配慮を要請しています[1]。会社は採用内定取消を防ぐためのあらゆる手段を行った上で、もし採用拒否や入社時期の延期をする場合には、①本人の就職先の確保をすること、②本人からの補償の要求に誠意を持って対応すること、としています。国の通知を示し安易な内定取消をしないよう求めましょう。

[1]：「新型コロナウイルス感染症への対応を踏まえた2020年度卒業・修了予定者等の就職・採用活動及び2019年度卒業・修了予定等の内定者への特段の配慮に関する要請について」(内閣官房内閣審議官、文部科学省高等教育局長、厚生労働省人材開発統括官、経済産業省経済産業政策局長令和2年3月13日付)

「経営不振のため解雇する」
と言われ目の前が真っ暗に……

そこまでして
ダメなら
仕方ないですよ…

すまん…

解雇は合法とされる場合も。
しかし、解雇を避ける義務が
会社にはあります

会社には解雇しないためのさまざまな努力が求められる

　解雇には常識的に納得できる理由が必要です。長期の無断欠勤や社内での暴力や窃盗など勤務態度問題、業務命令や職務規律への違反が理由としてあげられます。

　一方、経済環境の変化や経営不振といった会社側の都合による整理解雇や人員整理が合法とされるケースもあります。ただし、会社には解雇を避けるよう努力することが求められます。

あなたを守ってくれる法律

労働契約法第16条｜解雇

解雇をするには、社会の常識的に納得できる理由が必要です。

解雇が客観的に合理的な理由がなく、社会通念上相当と認められない場合は、労働者を解雇することはできません。

労働基準法第20条1項｜解雇の予告

働く人が生活に困らないよう、会社は働く人に解雇を事前に予告する義務があります。解雇予定日の30日以上前に予告するか、平均賃金の30日分以上の予告手当を支払います。予告手当を支払う場合は、その日に解雇できます。

Point　労働基準法で禁止されている解雇

・ 国籍、信条、社会的身分を理由とする解雇（第3条）
・ 業務上の負傷、または疾病のため療養中の期間とその後30日間の解雇（第19条）
・ 産前産後の休業期間とその後の30日間の解雇（第19条）
・ 労働基準監督官に申告したことを理由とする解雇（第104条）

上記のほか、男女雇用機会均等法や育児・介護休業法にも不当な解雇を禁止する法令があります。

判例

会社側の整理解雇の回避努力が不十分で勝訴

　プリント配線板などの製造販売業の会社が、収益悪化を理由に正社員21名を解雇しました。解雇は成績の低い人から行われました。しかし、整理解雇をする前に、希望退職の募集、臨時社員の全面的な削減、一時帰休・出向といった整理解雇を回避する努力を会社が十分したとはいえないことから解雇権の濫用として、働く人が勝訴しました。

→アイレックス事件／横浜地裁判決 平18・9・26

Point　解雇にはいろいろな種類がある

解雇には、①普通解雇／整理解雇（会社の経営上の理由による一方的な労働契約の解除）、②懲戒解雇（懲戒処分として労働契約を一方的に解除）、③定年解雇（定年による労働契約の解除）、④本採用拒否（試用期間中に解約）、⑤その他、休職期間満了による解雇や会社と働く人が話し合って納得して辞める諭旨解雇などがあります。上記のケースは、経営上の問題での解雇であり、整理解雇となります。

整理解雇は、原則として4つの条件を満たさなければなりません。1) 人員削減の経営上の必要性があるか、2) 整理解雇を回避するよう努力したか、3) 整理解雇者の選定基準が合理的で適用が公正だったか、4) 会社と働く人の間で整理解雇の理由を話し合ったか、の4つです。

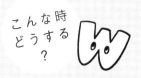

こんな時
どうする
？

会社から「コロナ禍の影響で
経営が苦しいので解雇する」と言われました。
正社員として勤めてきたのに、
到底受け入れることができません。

　解雇するには、合理的で社会的に納得できる理由が必要です[1]。コロナ禍で経営状態に影響が出たことが理由の整理解雇なら、働く人に責任はなく、通常の解雇よりも厳格に正当かどうかが問われます。つまり、コロナ禍が原因で一時的に売り上げが減ったという理由だけでは、解雇できないのです。

　解雇を争うには、「職場復帰する」と「お金の支払いを受けて退職する」という解決法があります。その場合は、弁護士や組合に相談します。解雇する場合、会社は働く人に30日以上前に予告するか、解雇予告手当を支払わなくてはなりません[2]。ところが働く人が解雇を納得できないと争おうとするときに「解雇予告手当を受け取ったから、解雇予告を認めた」と会社が主張してくることがあります。働く人は会社に対して「解雇は争う。解雇予告手当は将来の賃金として受け取る」と伝えておくと安心です。なかには自主退職するよう仕向ける会社がありますが、決して自分から退職届を出さないように注意しましょう。

[1]：　労働契約法第16条
[2]：　労働基準法第20条1項

連日の残業、こんなに時間外労働ばかりでは体がもちません……

あとこれもな！今日中に頼むよ！

オレは先帰るけど

もう限界…

会社は定められた時間以上は、働かせることはできません

ピピーッ！働かせすぎ！

労働時間は1日8時間を超えてはならない

　労働基準法では「法定労働時間」として休憩を除いた1日の労働時間を8時間と定めています。8時間を超えた分は「法定時間外労働」とされ、会社がこれを強要すると法令違反として罰則があります。「法定時間外労働」が必要な場合は、労働基準法第36条に基づく労使協定（36協定）を締結した上で、時間外手当を支払わなければなりません。

あなたを守ってくれる法律

労働基準法第32条｜労働時間

会社は働く人に休憩を除き1週間に40時間を超えて労働させては
いけません。また、1日について休憩を除き8時間を超えて働かせ
てはいけません。

労働基準法第36条｜時間外及び休日の労働

会社が働く人に時間外労働をさせる場合には、事業場の過半数か
ら選ばれた代表者との労使協定を締結します。協定には、罰則付
きの細かな上限が決められています。

労働基準法第37条｜法定時間外労働の割増賃金

法定時間外労働、深夜労働、休日労働に対しては割増賃金の支払
いが求められます。

労働基準法第119条｜罰則

働く人に、法律で決まった以上の労働をさせた会社は、罰せられ
ます。

法定時間外の労働の決まり事「36（サブロク）協定」

　労働基準法では、会社に対して休憩を除いて1日8時間、週40時間を超えて働かせてはならないと定めています[1]。会社が労働基準法の定める時間外労働を望む場合には、会社と働く人の間で話し合い、労使協定を結んで労働基準監督署に届け出る必要があります。

　この労使協定は、労働基準法第36条に基づいて「36協定」といい、法律で定められた手順を経て、時間外労働の上限時間を決めたものです。会社は「36協定」を締結して所轄の労働基準監督署に届け出ていれば、1日に8時間を超えて仕事をさせても労働基準法違反にはなりませんが、許される時間外労働の上限は、原則として休日労働を含まずに月45時間、年間360時間と制限されています[2]。協定の上限時間数以上の労働を要求した場合には、会社は罰せられます。

　会社が働く人に要請できる残業は、36協定の中で定められた上限時間内に限られます。仮に上限内であっても、働く人の健康に配慮することが求められますから、無理な要求をされた場合には、勤務時間を減らすように会社に求めましょう。

　では、働く人はどのようにして厳しい現状を解決すればいいのでしょうか。具体的には、会社に正確に労働時間を記録してもらいます。通達で、タイムカード、ICカード、パソコンの使用時間などの客観的記録を確認できるようにしておくことが求められています[3]。

　労働時間の上限規制を守らなかったり、残業代の支払いを渋ったりした会社は、働く人に労働時間を記録させないようにしたり、仕事量

は減らさずに早く帰ることばかり指示して、結果的に自宅への持ち帰り仕事で労働時間が増えたりしてしまうことも起こりがちです。自宅への持ち帰り仕事も基本的には労働時間になりますから、自衛のために働いた時間と作業内容をしっかりと記録しておきましょう。在宅勤務を命じられた場合も同じです。

　労働組合があれば組合を通じて、長時間労働の是正を求めます。労働組合がない場合は、個人で交渉しても実現が難しく、会社から報復される恐れもあるでしょう。都道府県労働局の指導・助言やあっせんを求めたり、一人だけで加入できる労働組合がありますので、相談したりしてみることをおすすめします。(194ページ参照)

[1]：　労働基準法第32条
[2]：　労働基準法第36条1項及び4項。
[3]：　「労働時間の適正な把握のために使用者が講ずべき措置に関するガイドライン」
平成29年1月20日策定

有給休暇を取ると評価を
下げられそうで休めません

あ、あの…
有給休暇を
とりたいんですが…

どーぞどーぞ!!
休んで良いよ!

有給休暇を取ることは
働く人の権利。それによる
不利益な取扱いは違法です

会社には「有給休暇」を与えることが義務づけられている

　労働基準法には、ある一定期間勤務した人には「年次有給休暇
（有給休暇）」を取る権利があり、会社には休暇を与える義務がある
と定められています。有給休暇の目的は、働く人の心身の疲れを
回復させてゆとりのある生活を保障することであり、有給休暇を
取得したことを理由に会社が働く人に対して不利益な取扱いをす
ることは労働基準法で禁止されています。

あなたを守ってくれる法律

労働基準法第39条1項｜年次有給休暇

会社は6ヵ月間継続して働き、全労働日の8割以上を出勤した人には、10日間の有給休暇を与えなければなりません。

労働基準法第39条3項｜年次有給休暇

パートタイマーなど働く日数が少ない人に対しては、出勤日数に応じた有給休暇を与えなければなりません。

労働基準法第39条5項但書｜年次有給休暇

会社は、有給休暇を働く人が望む日に与えなければなりません。ただし、求められた日が事業の運営の妨げになる場合は、他の時季に変えることができます。

労働基準法第136条｜有給休暇利用への不利益な取扱いの禁止

会社は、有給休暇を取得した働く人に対して、賃金の減額その他不利益な取扱いをしないようにしなければなりません。

労働契約法第16条｜解雇

客観的に合理的でなく常識的に認められない理由では、会社は働く人を解雇することはできません。

平成31年の改正法施行で、会社は年次有給休暇を
5日取得させることが義務づけられています

　2019年（平成31年）4月に、有給休暇付与日数の基準日[1]から1年以内に5日の有給休暇を確実に取得させなければならないとの改正労働基準法が施行されました。会社は、働く人が申請した日、または会社が時季を指定して有給休暇を取得させるよう義務づけられました。会社が時季を指定する場合には、働く人の意見を尊重しなければなりません。

　これは、働き方改革の一環として、1年に10日ある有給休暇を取得できないままの働く人を救うための改正です。会社が時季を指定するという点についてはルールがあります。以下に注意してください。

1. 既に5日以上の有給休暇を取得している人に、会社が時季を指定して有給休暇を取得させることはできません。

2. これまでに取得した有給休暇が5日未満の人に、会社は働く人の希望を聴いて取得時季を指定します。

3. これまでに取得した有給休暇が5日未満の人が申請した日について、通常業務を妨げるなどよほどの理由がない限り変更することはできません。

年5日の有給休暇を取得させなかった場合には、従業員1人あたり30万円以下の罰金が課されることがありえます。

[1]：　有給休暇付与日数の基準日とは、「6ヵ月間継続して勤務し、全労働日の8割以上出勤している人」という有給休暇を取得できる資格の起点となる日（入社日の6ヵ月後など）。

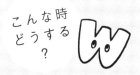
こんな時どうする？

**勤務先に有給休暇制度のないことは知っていましたが、
休暇申請をして1日休んだところ、
予想どおり1日分の賃金が差し引かれました。
決まりがない以上、仕方ないのでしょうか？**

　仕方がないことではありません。有給休暇を取るのは働く人の当然の権利であり、賃金から1日分の金額を差し引くのは違法になります。

　有給休暇を取得できる資格（6ヵ月間継続して勤務し、全労働日の8割以上出勤している人）がある人から「有給休暇を取りたい」という申請があった場合、会社はこれを拒むことはできないと法律に定められています。つまり、有給休暇制度の有無は会社が決めることではなく法律で義務づけられているので、欠勤扱いとして賃金から差し引くのは違法です。

　また、会社は有給休暇について就業規則に規定することも義務づけられています。有給休暇について違法行為があった場合、会社は労働基準監督署から是正するよう勧告を受け、改善されない場合には罰金などの罰則が与えられます[1]。仕方ないとあきらめず、まずは会社と交渉してみましょう。

[1]：　労働基準法第39条

時差通勤したいのですが、会社は認めてくれるでしょうか？

会社の承認があれば始業・終業時刻の繰り下げ、繰り上げをすることができます

時差通勤は、会社と働く人の合意の上で就業規則の変更が必要

　時差通勤とは、会社が提示するいくつかの始業・終業時刻の中から、働く人が好きな時間を選ぶことができる制度。働く人の通勤ラッシュによるストレスの解消や、感染症への感染リスクの回避のために導入する会社が増えています。導入には、会社と働く人との間で始業・終業時刻の変更について合意が必要です。よく似た制度として「フレックスタイム制」があります。

あなたを守ってくれる法律

労働契約法第8条｜労働契約の内容の変更

働く人と会社は、相談の上で働く条件を変えることができます。

労働基準法施行規則第12条の2｜変動労働時間制の明示

会社は、就業規則で変動労働時間制を始める日を明らかにしなければなりません。

労働基準法第89条｜就業規則　作成及び届出の義務

10人以上の働く人がいる会社は、始業及び終業時刻等の就業規則を作成して届け出なければなりません。

Point　時差通勤を望む理由は明確に

満員電車でのストレス、とりわけコロナ禍など感染リスクが高まるような場合に、それを避けるために働く人が時差通勤を望むのであれば、会社はその要望に対応できるよう努力しなければなりません。「労働契約法第5条　労働者の安全への配慮」には、会社は働く人の命や体の安全が守れるように配慮しなければならないと記載されています。

フレックスタイム制導入のルールを決めよう

　労働基準法によって、フレックスタイム制を実施するためには、いくつかの労使協定を結んで決めておく必要があります。その内容は、1日の労働時間やコアタイムの開始時間と終了時間、1ヵ月以内に働くべき労働時間（精算期間）などで、働く人はその範囲内で時間帯を選びます。

フレックスタイム制の時間幅

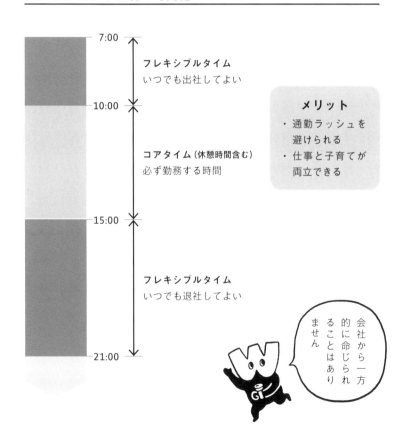

7:00

フレキシブルタイム
いつでも出社してよい

10:00

メリット
・通勤ラッシュを避けられる
・仕事と子育てが両立できる

コアタイム（休憩時間含む）
必ず勤務する時間

15:00

フレキシブルタイム
いつでも退社してよい

21:00

会社から一方的に命じられることはありません

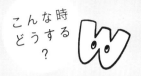

こんな時
どうする
？

会社から時差出勤を命じられ、
出勤時間が通常よりも遅くなったことで、
帰りが遅くなり困っています。
早い時間に変更してもらえないのでしょうか？

　会社の就業規則に始業・終業時刻の繰り下げ、繰り上げ規定がない場合には、始業時刻と終業時刻を変更する「時差通勤」を会社が一方的に命じることはできません[1]。会社は働く人の負担を確認してから、時差通勤をすすめる必要があります。

　このように、時差通勤はメリットと捉えられがちですが、帰宅時間が遅くなったり、逆にみんなが働いているなかで早く帰ることに遠慮したり、始業時刻が同じではないことでスケジュール調整が難しくなったりするなど、デメリットもあります。実働時間は何時間で、どのような勤務時間を選択できるのかなどを確認しておきましょう。

　フレックスタイム制の場合には、働く人には始業・終業時刻の決定を委ねるよう法では定めています。「時差通勤」も「フレックスタイム制」も就業規則に定められていること、会社と働く人との間で条件を話し合って合意しておくことが必要です。

[1]：　労働契約法第8条

弁護士からひと言 ❶

働く人にとって不利益にならない 環境を求めるための労働組合とは？

労働時間や賃金、職場環境など、働く人にとって不利益な労働条件にならないように会社と交渉し改善を目指す組織が労働組合です。会社の中で、働く人たちによって組織されているケースがほとんどですが、トラブルが発生した時にうまく機能しないという場合もあるようです。会社に対して交渉を求めるには、それなりの準備が必要です。会社側が資料を呈示し、その要求に応じられないことを説明したのに対して、組合が何ら合理的な反対根拠を示すことなく団交を求める場合には、会社側として労働者側に妥結の誠意がないものとして団交を拒否することも許されていますので（順天堂病院事件／東京高裁判決　昭43・10・30）、組合としても真摯な準備と対応が求められます。

もし労働組合がないのなら、自分が仲間を募って組合を組織する、労働組合があっても実際には機能していないのなら、自分が執行委員になって組織を変えていく、ということも考えてみましょう。そのためにも、働く人を守るためにどのような法律があるのかを知っておくことをおすすめします。

CHAPTER 2

賃金

約束されたはずの賃金を
守るには？

残業代

賃金格差

未払いの給料

賞与

退職金

etc.

働いてもらった対価として、会社は適正な賃金を支払わなければなりません

多くの人にとって、仕事を探すときとても気になるのが賃金（給料）の金額です。働く人の生活を支えるのが賃金だからです。法律では、賃金は働く人が会社に対して労働した対価としてもらう報酬のことを指します。

賃金は、求人が多いときには高くなり、働きたい人が多いのに

求人が少ないときには低くなりがちです。賃金が低くても、仕事が少ないため選びようがないのです。

しかし、景気や求人の状況によって低くなりすぎたら、生活を支えることができなくなってしまいます。それを防ぐために、「最低賃金法」によって会社が支払わなければならない最低の金額が定められています。

最低賃金には、すべての働く人と会社にあてはめられる「地域別最低賃金」と、特定の産業で働く人と会社にあてはめられる「特定最低賃金」があります。これらはそれぞれ都道府県ごとに決められていて、両方にあてはまる場合は高額な方の最低賃金を受け取ることができます。

さらに、すべての賃金が働く人にきちんと渡されるために、支払われ方にも決まりがつくられています。これには4つの原則があります。

1. **通貨払いの原則**……賃金は現金で支払う（会社の商品などの現物ではいけない）

2. **直接払いの原則**……賃金は働いた本人に支払う（未成年だからと親に払ってはいけない）

3. **全額払いの原則**……賃金は全額を支払う（賃金の一部を天引きしてはならない）

4. **毎月1回以上一定期日払いの原則**……賃金は毎月1回以上、一定の期日を定めて支払う（まとめ払いや日にちの変動はいけない）

会社が倒産してしまいました。未払いの給料はもらえますか？

国の立替払制度を利用すれば、その賃金の一部を立替えてもらえます

政府が未払賃金を立替え、会社にその賃金を請求する

　倒産により賃金が支払われないまま失業した人のために、未払賃金の一部を政府が運営する労働者健康安全機構が立替払いするのが「未払賃金の立替払制度」です。立替払いされるのは、未払賃金の8割の額になります（限度額あり）。未払いの賃金が60万円以下の場合には、会社の住所地を管轄する簡易裁判所に訴状を提出する少額訴訟制度を利用することができます。

あなたを守ってくれる法律

賃金の支払の確保等に関する法律第7条｜未払賃金の立替払

会社からの未払い金について、一定の立替払いを国から受けることができます（ただし、さまざまな条件があるので確認が必要です。下記Point参照）。

民事訴訟法第368条｜少額訴訟の要件等

賃金の未払い額が60万円以下なら、支払いの請求を裁判に訴えることができます。

民法第306条2号｜一般の先取特権

会社が破産・倒産したら、会社に残っている財産を賃金としてほかの債権者より先に受け取ることができます。

Point 「未払賃金の立替払制度」を利用できる人とは？

1. 労働者災害補償保険（労災保険）に加入し、1年以上事業活動を行っていた会社に雇用され、会社の倒産により賃金が支払われないまま退職した人
2. 会社が倒産した日[1]の6ヵ月前から2年の間に退職した人
3. 未払賃金額等について、破産管財人等の証明、または労働基準監督署長の確認を受けた人

[1]：倒産日とは、破産手続申し立てによる「法律上の倒産」、事業活動が停止して再開の見込みのない「事実上の倒産」（中小企業のみ）それぞれが認められた日。

未払賃金の立替払制度を利用するには？

　未払賃金立替の請求をするには、倒産の「確認通知書」、労働者健康安全機構の「立替払請求書」と「退所所得の受給に関する申告書」、そして「退所所得申請書」が必要です。「確認通知書」は、法律上の倒産と事実上の倒産で申請先が異なるので注意しましょう。立替払いの請求ができる期間は、会社が倒産して2年以内で、未払賃金が2万円未満の場合は対象外となります。

注：会社が破産手続などをした「法律上の倒産」なら裁判所、破産手続の場合は破産管財人、民事再生の場合は再生債務者等の倒産の証明書、事業活動が停止して再開できる見込みのない「事実上の倒産」の場合には労働基準監督署長に倒産認定書が交付された後に、確認通知書を交付してもらいます。

1回の審理で判決が出る少額訴訟制度

　未払いの金額が60万円以下の場合に起こすことができる少額訴訟は、原則として1回の審理で判決を出す訴訟で、会社の住所地を管轄する簡易裁判所で行います。必要な書類を揃えて裁判所に提出し、会社側の回答を受けて審理が行われます。

訴訟に必要な書類

・簡易裁判所にある定型の訴状、会社の登記事項証明書

費用

・申立て手数料（印紙での支払い）、会社に書類を送付するための
　切手代

倒産が理由の場合は
「特定受給資格者」として失業保険が受けられる

　失業したとき、退職した会社で雇用保険に加入していれば、働く人は基本手当（失業保険）が受けられます。

　通常、失業保険を受けるには離職以前の2年間に、基本給が支払われた日（出勤日）が11日以上ある月が12ヵ月以上あることが条件となりますが、倒産や会社の都合による解雇の場合は、「特定受給資格者」として、離職以前の1年間に、基本給が支払われた日が11日以上ある月が6ヵ月以上あれば受けられるよう配慮されています。

　また、受給時期についても、通常ならば7日間の待機に加えて2ヵ月の給付制限期間があるのに対し、「特定受給資格者」の場合は7日間の待機だけで手続が完了します。ただし、失業保険を実際に受け取るのは1ヵ月後となります。

　失業保険の給付日数についても、5年以上勤務していた「特定受給資格者」の場合、自己都合などによる失業よりも多くなることがあります。受給額は「基本手当の日額×給付日数」となりますので、受給金額が増えることになります。

　会社が倒産したら、必ず離職票をもらい、記載されている退職の理由が倒産によるものになっているかを確認することが大切です。有期労働契約が更新されなかった場合などにも「特定理由離職者」として同様の配慮がされるようになっています。

会社都合で休業した1ヵ月分の賃金は請求できますか?

会社の都合による休業なら、最低でも平均賃金の60％以上の手当を要求することができます

会社が決めた休業で賃金を払わないのは違法

　働く人に仕事をする意思があるにもかかわらず、会社の責任で休業させた場合、会社は平均賃金の60％以上の休業手当を支払わなければならないと労働基準法に定められています。「給料がもらえないのは仕方ない」と思わずに、会社に支払いを求めましょう。賃金の不払いがあったときは、労働基準監督署または労働基準監督官に申し出ることができます（労働基準法第104条）。

あなたを守ってくれる法律

労働基準法第26条｜休業手当

会社の都合で休業する場合には、会社は働く人に平均賃金の100分の60以上の手当を支払わなければなりません。

労働基準法第120条｜罰則

賃金の不払いがあったときには、会社に対して30万円以下の罰金を設けて、賃金を支払うよう求めています。

Point　平均賃金とは？

平均賃金は、休業期間に入る直前の給料日からさかのぼって3ヵ月間の賃金の総額を総日数で割った金額になります。賃金の総額は、残業手当、住宅手当、通勤手当などの各種手当が含まれた、税金を控除する前の金額です。総日数とは、労働日数ではなく、暦の日数です。

平均賃金の算出式

直前3ヵ月間の賃金の総支給額 ÷ 直前3ヵ月間の総日数
＝平均賃金

日給、時給の場合は、直前3ヵ月間の賃金総支給額の合計を労働日数で割り、0.6を掛けた金額になります。

出典：厚生労働省神奈川労働局ホームページ「平均賃金について」

注意！　不可抗力による休業時は、休業手当はもらえない

　会社が休業になったからといって、どんな場合でも休業手当を請求できるわけではありません。請求できるのは、会社が休業を避けるために最善の努力をしたといえない場合です。例えば、生産調整や原料不足のための休業、資金不足からの経営難による休業、監督官庁からの勧告による操業停止などです。

　一方、天災や停電など会社の努力だけでは休業を避けることができない場合には、会社が休業手当を支払う必要はなくなります。

　コロナ禍など感染病対策として政府が出す外出自粛要請に応じての休業の場合、例えば、東京都の緊急事態措置では、「職場への出勤など、生活の維持に必要な場合を除き、原則として外出しないこと」との協力要請となっていて、職場への出勤は明確に協力要請の対象外になっています。したがって要請に基づいて休業していると会社が主張しても、「会社は労働してもらうことができるのに、自らの経営判断によって休業した」のであり、あくまで会社の都合であるとみなされます。施設を使わない営業形態や在宅勤務にするなどの経営努力で休業しない業種も少なくありません。働く人は「働きたい」という意思を会社に伝えたうえで、就業規則に特別の定めがない限り、会社に対して賃金全額の支払いを求めることができ（民法第536条2項）、会社は休業手当を少なくとも平均賃金の60％支払う義務があります（労働基準法第26条）。賃金に関する請求権には時効があるので注意しましょう。

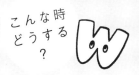

会社の一方的な都合での休業なのだから、
休業手当ではなく、
賃金を全額支払ってほしい

　会社から自宅待機を命じられた場合、基本的には給料全額の支払い
を求めるべきです。

　民法では、業務命令として会社が一方的に自宅待機を命じた場合、
働く人は賃金の全額の支払いを求めることができると定めています
（民法第536条2項）。ただし、就業規則や労働協約などに、この民法
第536条2項について排除するという締結がある場合には、働く人が
その権利を放棄していることになるので、請求することはできません。
排除されていなければ、全額の支払いを求めることはできますが、民
事訴訟へと発展するなど、働く人への負担が大きくなってしまうこと
も少なくありません。全額の支払いを求めるのなら、まずは就業規則
や労働協約の内容を確認しましょう。

　救済できない働く人を守るために設けられているのが労働基準法第
26条です。さらに、昨今のコロナ禍による休業での賃金未払いについ
ては判断が難しく、政府はさまざまな救済措置を講じています。働く
人を救済するために法令の改正が行われているので厚生労働省のホー
ムページや労働基準監督署などで確認することをおすすめします。

残業代が実際の労働時間と合わないような気がします

就業時間外の労働には、働く人の合意が必要です。時間外労働は割増賃金が適用されます

「36協定」による時間外労働には割増賃金を

　会社が、働く人に1日8時間、週40時間という法定労働時間を超えて働くことを求める場合、労働基準法第36条に基づいて、労働組合や働く人の代表者と協定を結んでおくのが「36協定」です。36協定があって時間外労働をした場合には、原則として25％以上の割増賃金を支払わなければならないと労働基準法第37条に定められています。

あなたを守ってくれる法律

労働基準法第36条｜時間外・休日労働協定

労使協定（36協定）を結び、労働基準監督署に届け出た場合は、協定で定める範囲内で1日8時間、週40時間の法定労働時間を超えて、労働させることが可能になります。

労働基準法第37条｜法定時間外労働の割増賃金

法定時間外労働、深夜労働、休日労働に対しては割増賃金の支払いが求められます。

Point　36協定はどうやって締結するの？

労働者（正社員だけでなく、会社で働くすべての労働者）の過半数で組織する労働組合、過半数で組織する労働組合がない場合は労働者の過半数から選出した代表者と会社が書面による協定を結び、労働基準監督署に届け出ます。代表者は管理監督者の立場でないことが条件です。過半数を満たさない、あるいはその代表者の選考が適正に行われていない場合には、無効になるので注意しましょう。時間外労働についての割増賃金に関しても協定を結んでおくことが大切です。時間外労働の延長時間の上限は1ヵ月に45時間とされています。

時間外労働をしたときは割増賃金に？

　労働基準法第32条では、会社は働く人に、休憩時間を除いて1日8時間、週に40時間を超えて労働させてはいけないと定めています。これが「法定時間内労働」です。

　もし、労働契約で1日7時間となっている場合に、1時間残業をしても1日の労働時間の合計は8時間以内であり、「法内残業」として労働基準法違反にはなりません。ただし、法内残業の給与につき特別の定めがない限り、契約以上の労働として、基礎賃金1時間の賃金に法内残業時間をかけた残業代を請求することができます。

　一方、1日8時間超、週40時間超の労働は「法定時間外労働」であり、その場合は会社が働く人に、原則として25％以上の割増賃金を支払わなければならないと労働基準法第37条に定められています。

法的時間外残業の賃金計算式

法的時間外残業時間 × 1時間あたりの基礎賃金 × 1.25 ＝ 残業賃金

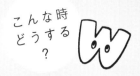

私の職場では36協定を結んでいません。
36協定がなくても、時間外労働した場合に
割増賃金を請求することはできるのでしょうか？
非正規雇用でも協定を結んでもらえますか？

　会社と働く人が36協定を結ばないこと自体は違法ではありませんが、結ばないまま法定時間外労働や休日労働をさせることは違法行為になります。労働基準監督署からの是正勧告を受け、それでも是正されない場合、会社は処罰の対象となります。

　36協定がないまま法定時間外労働をした分であっても、働く人は割増賃金を請求することができ、会社は求めに応じて支払わなければなりません。1日8時間、週40時間を超えた分については、最低でも25％の割増賃金を支払うよう求める権利があります。

　非正規雇用の人についても、法定労働時間を超えた残業をさせるためには、36協定の締結が必要です。法定時間外労働が行われているなら、違法状態を解消するため40ページを参考に会社に36協定締結をするよう働きかけましょう。

テレワーク期間の残業代は
きちんと払ってもらえますか？

大丈夫か〜？
にぎやかだね

すみません…

会社に出勤しているときと
同じように、時間外労働分の
賃金は請求することができます

会社が残業をさせるには36協定が必要

　自宅勤務（テレワーク）では、職場に出勤しているときと同様に、労働基準法が適用されます。原則的には1日8時間以内、週に40時間以内の労働時間、それを超えて業務を求めるのなら、会社は働く人と36協定（40ページ参照）を締結し、時間外手当を支払わなければ、労働基準法違反になります。会社が労働時間を正確に把握できず「みなし労働時間制」が適用されている場合も同様です。

あなたを守ってくれる法律

労働基準法第38条1項｜時間計算

労働時間は、仕事をする場所が異なる場合であっても通算して労働時間の定めに従って計算するようにします。

労働基準法第38条の2｜時間計算

働く人が会社の外で仕事をしたために労働時間を算定しにくい場合は、所定の労働時間分勤務したものとみなします。

Point 「みなし労働時間制」とは？

働く人が会社の具体的な指揮監督のもとになく、労働時間を正確に把握できない場合に、所定の労働時間勤務したとみなして規定の賃金を支払うのが「みなし労働時間制」です。

会社の具体的な指揮監督のもとにない状態とは、モバイルなど通信機器を通じた会社からの指示に即応する義務のない状態です。メールや電話に即応しなくてもよく、通信機器により常に勤務実態を監視されていない場合には、「みなし労働時間制」と認定されます。

「テレワーク」で時間外手当を請求するには？

　テレワークでは、日報などによって働く人が就業時間を報告し、会社はそれに基づいて労働状況を適切に把握することになります。とはいえ、実働時間を正確に把握することが難しいため「みなし労働時間制」を採用する会社が多いようです。

　「みなし労働時間制」には大きく分けて2つあります。1つ目は、労働基準法に定められた会社の外での労働や、裁量労働の場合で「法定みなし制」と呼ばれます。2つ目は営業職や年俸制社員が利用する「法定外みなし制」です。

　管理職以外の平社員が、法定時間外労働や法定休日労働をする場合には、「36協定」に従って一定の基準外賃金に相当する（法定外）「みなし手当」が支払われます。ただし、残業や休日出勤にあたる分を働いたという証明が必要になります。

　テレワークをすることで、働く人が正しく評価されないまま不当な扱いを受けないよう、会社は事前に業務内容、賃金制度などについて働く人と話し合い、通常の賃金制度と異なる場合には、就業規則を作成・変更して届け出なければならないと定められています（労働基準法第89条2号）。まずは、会社に就業規則等を確認し、改善のために話し合う必要があります。

こんな時
どうする
？

会社からテレワークを命じられ、
1日10時間働いても「事業場（会社）外みなしだから」
と8時間分の賃金しか支払われません。

　会社には10時間分の賃金を求めましょう。「みなし労働時間制」は、「事業場（会社）外での労働時間を算定し難いときは、所定労働時間労働したものとみなす」となっています[1]。「労働時間を算定し難いとき」という条件は、厳格に解されています。

　しかし、情報通信技術が発達した現代では、携帯電話やインターネットを通して、会社の外にいる働く人の勤務状態を把握することは容易になっています。

　テレワークをするときでも、情報通信機器が常に通信可能な状態であり、会社が業務内容、作業時期や方法まで具体的に指示している場合には「労働時間を算定し難いとき」とはいえません。また、テレワークにも労働基準法は適用されます。会社は労働時間を適正に把握する義務があり、適切に労働時間を管理しなければなりません[2]。

[1]：　労働基準法第38条の2
[2]：　「労働時間の適正な把握のために使用者が講ずべき措置に関するガイドライン」平成29年1月20日策定、「情報通信技術を利用した事業場外勤務の適切な導入及び実施のためのガイドライン」平成30年2月22日策定

同期で仕事内容も同じなのに男性より給料が少ないです

¥

同じ給料？

女性だから
という理由
で賃金に
差があっては
いけません

職場では男女が平等であることが基本

　労働基準法や男女雇用機会均等法では、性別を理由に採用や昇進、配置などで差別することを禁止しています。さらに、女性ということを理由に賃金差別をしてはいけないとしています。つまり、男性より賃金が低いのはいけませんが、高いのも男性からすれば差別であり、法律違反になるということです。このとき、能力や経験年数などの理由なら差別にはなりません。

あなたを守ってくれる法律

労働基準法第4条｜男女同一賃金の原則

会社は女性であることを理由に、賃金について男性と差別してはなりません。

男女雇用機会均等法第6条｜性別を理由とする差別の禁止

働く人の性別を理由にして、配置、昇進、福利厚生、職種と雇用形態、退職勧奨、定年、解雇、労働契約の更新について、差別的な取り扱いをしてはいけません。

Point　性別による格差を禁じる「男女雇用機会均等法」

同じ職種で男性社員にだけ企画提案の権限が与えられている、というのは「権限の付与」における性差別にあたります。また、男性社員には役職が付けられ、女性社員には昇進がない、というのは昇進における性差別になります。ただし、昇進に関しては会社ごとに基準があり、学歴や資格の有無により異なるため、必ずしも性差別による不当な扱いとは言い切れません。男女雇用機会均等法では、賃金や待遇などについて細かく禁止事項が定められています。

判例

男女の賃金格差を訴え、差額賃金と慰謝料を得る

　商社の女性社員数名が男女の賃金格差を訴えた裁判です。55歳（勤続34年で定年時）、45歳（勤続27年）、44歳（勤続26年）の事務職の女性3名の給料が、同期男性と格差があり、さらに定年引上げによる事務職の賃金引下げ等が男女差別にあたると訴えました。裁判所は、第一審東京地裁では「差別的な扱いにはあたらない」として女性たちの請求を退けましたが、これを不服として控訴した第二審東京高裁では、男女の差によって賃金格差を生じさせた会社の措置は労働基準法第4条に対する違法として、差額賃金と慰謝料の支払いを命じました。

　この裁判では、長年勤めてきた女性たちの賃金が、育成途中である27歳の男性社員より少なかったことでも注目されました。

→兼松事件／東京高裁判決　平20・1・31

男女雇用機会均等法の役割

　働く女性が性別によって差別されることなく、職場で思い切り働けるようにするためには、募集や採用という仕事の入り口のところから始まって、さまざまな段階で男女で同じような機会が得られることが重要です。そのために男女雇用機会均等法が作られました。男女の平等な機会や待遇の妨げになる事情を解消する「ポジティブ・アクション」の取り組みも進められています。

ポジティブ・アクション

　「ポジティブ・アクション」とは、男女間の固定的な役割分担や過去の経験から、管理職は大半を男性が占めているなど男女労働者の間に生じている事実上の格差の解消を目指して、女性の採用拡大・管理職登用の拡大などを各社が進める自主的かつ積極的な取り組みのこと。男女賃金格差の要因を取り除くために、積極的に取り組むことが会社に求められています。

退職が決まっているため、賞与を減らされてしまいました

もうすぐ
やめるんだから
減らして当然…

なんか少ない？

ボーナス
ボーナス

賞与

賞与

就業規則に支給金額について
明記されていれば、
減額することはできません

会社の就業規則による査定かどうか

　会社の就業規則などに賞与の支給時期や支給金額について定められていたら、賞与減額は労働条件の変更になります。その場合、原則として対象となる働く人の同意が必要です。就業規則で「支給算定期間中の勤務態度によって賞与支給額を決める」「会社の業績によって賞与支給金額を決める」などと定められている場合もありますから、適正な査定かどうかを確認しましょう。

あなたを守ってくれる法律

労働基準法第11条｜定義

この法律で賃金とは、賃金、給料、手当、賞与など、労働の対償として会社が働く人に払うすべてのものをいいます。

労働基準法第89条4項｜就業規則　作成及び届出の義務

10人以上の働く人を雇っている会社が臨時の賃金などの定めをするなら、就業規則を作成して役所に届け出なければなりません。

Point　法的には会社は賞与の支払い義務はない

法律には、働く人に賞与の支払いを命じる規定はありません。そこで多くの会社では、就業規則などで賞与の支給対象者や算定期間などを定めています。言い換えれば、就業規則に賞与についての記載がなければ会社には賞与を支払う義務はなく、支払う場合は対象者も金額も会社の判断に任されるのです。

判例

就業規則に基づいて査定・支給される

給与規定を改定し月給額を引き下げた学校は、それに基づいて12月の賞与（期末・勤勉手当）を査定しました。これに対し、教職員たちは、賞与（期末・勤勉手当）が一方的に削られたとして、残額の支払いを求めて訴えました。

これに対して裁判所は、「給与規定に『そのつど理事会が定める金額を支給する』との定めがある」として、残額の支払い請求を認めませんでした。

→ 福岡雙葉学園事件／最高裁小判決　平19・12・18

支給日に退職していると賞与は支給されない

労働組合からの申し出を受けた会社は、就業規則に「賞与は決算期ごとの業績により支給日に在籍している人に対して支払う」と改定しました。その後退職し、支給日に在籍していなかったため賞与を支給されなかった人が、会社に支払いを求めて提訴しました。

これに対し裁判所は、「退職した後の賞与は、支給日に在籍していなかったため、受給する権利がない」として訴えを退けました。

→ 大和銀行事件／最高裁小判決　昭57・10・7

賞与は「特別賃金」

　法律的には、「労働したことで会社からもらうお金」が賃金です。名称や種類は異なりますが、通常、会社は給与（賃金）規定を置いています。多くの場合、①月例賃金……基準内賃金（基本給、職務給、役職手当など）と基準外賃金（住宅手当、家族手当、通勤手当など）、②特別賃金……賞与（一時金・ボーナス）と退職金（退職手当）、と大きく2つに分けて定めています。

支給日に在籍している人に支給する

　多くの会社では、賞与の算定期間として、入社後6ヵ月を経過した人を対象に、冬季賞与の算定期間を6月1日から11月30日まで、夏季賞与の算定期間を12月1日から5月31日までにしています。この算定期間が過ぎてから査定を行うため、実際に賞与を支給する日は算定期間の最終日より少し遅れることになります。

　しかし、もし支給日前に退職していたらどうなるのでしょうか。この場合、就業規則に「支給日に在職していることが支払いの条件」と明記されているなら、退職者に賞与は支払われないでしょう。ただし、何も規定がない場合は支給する必要があります。

経営が厳しいからと
退職金が支払われませんでした

退職金規定がある場合は、
その内容を確認しましょう

法的には会社に退職金の支払い義務はない

　賞与と同じように、退職金も法律では会社に支払い義務はなく、会社の就業規則に退職金について規定されていなくても、法律違反にはなりません。ただし、退職金規定がある場合は、それに基づき支払うか否かを判断します。会社の就業規則に退職金について設ける場合は、労働基準法によって、計算方法や支払い方法、支払い時期などを規定しなければならないとされています。

あなたを守ってくれる法律

労働基準法第24条｜賃金の支払

賃金は、通貨で直接働く人にその全額を支払わなければなりません。

労働基準法第89条3号の2｜就業規則　作成及び届出の義務

常に10人以上の働く人がいる会社が退職手当の定めをする場合は、対象の働く人の範囲、退職手当の決定、計算方法と支払い方法や時期について就業規則を作成して役所に届け出なければなりません。

労働基準法第115条｜時効

退職手当の請求権は、5年間で時効となって消滅します。

Point　退職金は功労報償、その後の生活保障的なもの

労働基準法では退職金について触れられていません。つまり、退職金の規定のない会社は、退職金を払う義務はないわけです。とはいえ、退職金は賃金の後払い、長年勤めたことへの報償、その後の生活保障としての性格を持ちますから、規定のある場合には支払われないのはよほど重大な事情がある場合に限られるでしょう。

判例

長年の功労を考えて退職金の3割を支給

　痴漢撲滅運動に取り組んでいる鉄道会社に勤める人が、他社の鉄道を利用した際に、痴漢行為の容疑で逮捕されました。これ以前にも2度逮捕されて執行猶予付きの判決を受けていたことが会社に知られ、懲戒解雇されてしまいました。就業規則には、「懲戒解雇によるもの、または在職中懲戒解雇に該当する行為があって、処分決定以前に退職するものには、原則として退職金は支給しない」と規定されており、これに基づいて退職金が支払われなかったことに対し、解雇の無効と退職金の支払いを求めて訴えました。

　裁判所は、懲戒解雇は有効としましたが、「退職金は賃金の後払いであり、退職後の生活保障にもあてられる。この事件が、長年の勤続の功労を打ち消すほどの会社に対する背信行為とは考えられない」としたものの、「痴漢撲滅運動に取り組んでいることを考えると全額支給すべきとは認めがたい」とし、会社に退職金の3割を支払うように命じました。

→小田急電鉄（退職金請求）事件／東京高裁判決　平15・12・11

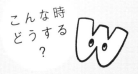
ある会社のパートで20年働き、退職しました。
退職金はもらえますか？

　まず確認しなければならないのは、会社に退職金制度があるかどうかです。会社の就業規則などにパートタイマーの退職金について定められていれば、請求できます。退職金は、法律的には支払いが義務づけられているものではありません。会社に退職金制度がある場合に、それに基づいて支払われているものだからです。

　176ページの同一労働同一賃金ガイドラインにより、支払いが認められる可能性はありますが、今のところはその可能性はかなり低く、容易ではありません。

会社を退職して数年になりますが、
まだ会社から退職金が支給されていません。
会社に退職金の請求をしてもよいでしょうか。

　会社の就業規則に退職金制度があれば、請求できます。ただし、法的には退職金の請求の時効は5年となっていますから、その期間を超えないように注意が必要です。

弁護士からひと言 ②

民法改正によって変わる
残業代請求権の消滅時効期間

新しい働き方、雇用形態の変化など、時代の流れに合わせて労働関連の法律も改正されています。ここでは、賃金請求権の消滅時効期間について紹介します。

賃金請求権の消滅時効期間について、労働基準法ではこれまで過去2年としてきましたが、2020年3月の法改正で、「消滅時効期間は5年とするが、当分の間は経過措置として3年とする」という内容に改正されました。働く人は今後、過去3年分の残業代を請求できるようになります。ただし、消滅時効期間が3年間になるのは、改正法の施行後、つまり2020年4月1日以降に発生した賃金請求権ですので、それ以前に発生した賃金請求権の消滅時効期間は、従前どおり2年間となります。ちなみに、残業代の裁判では未払残業代と同額の付加金の支払いを裁判所が使用者に命じることがありますが（労働基準法114条）、この付加金を請求できる期間も、従前の2年間から3年間に伸長されています。なお、退職金だけは、従来通り請求権の消滅時効期間が5年間とされています。

CHAPTER 3

ハラスメント

職場のいじめや嫌がらせを
なくすには？

パワーハラスメント

セクシャルハラスメント

etc.

働く人を不利益な扱いから守る
さまざまな法律によって、
ハラスメント対策を取ることが
会社には義務づけられています

　職場では、上司や同僚との人間関係からさまざまな問題が生じます。その中でも深刻なのが、ハラスメント問題です。その内容は、性的嫌がらせ、暴行など体への攻撃、大声での威圧的な叱責や人格を否定する言葉による精神的な攻撃、仕事外しや無視、個人のプライバシーの公開など多岐にわたります。

　職場でこれらのことがあってはいけないとして、これまでもセクシャルハラスメント（セクハラ）やマタニティハラスメント（マタハラ）に関する男女雇用機会均等法などがありましたが、さらに一歩進めて労働施策総合推進法を改正し、パワーハラスメント（パワハラ）防止のための雇用管理上の措置義務（相談体制の整備など）が定められています。

　パワハラとは、拒絶できない立場である上司などの言葉や行動によって、働く人が身体的にも精神的にも苦しみ、職場環境が悪くなることです。常識的にみて言動がひどすぎることや、内容が業務に関係ないといったことがあります。

　これまで日本では、パワハラを防止する法律がありませんでしたが、法改正によって初めて義務化されたのです。これにより、企業において相談窓口の設置、加害者の懲戒規定、社内調査体制の整備、当事者のプライバシーの保護などが行われることになりました。国は、指針を示して[1]ハラスメントに対して法律的に整えることで、会社には対策を取るように促し、多くの人々の関心と理解を深めようとしています。

[1]：「事業主が職場における優越的な関係を背景とした言動に起因する問題に関して雇用管理上講ずべき措置等についての指針」（厚生労働省告示第5号、令和2年1月15日）

上司の威圧的な言葉や態度をやめてもらう方法はありますか？

優位な立場の人が、働く人に身体的・精神的苦痛を与えてはいけません

令和に改正され、会社に義務づけられたパワハラ法

　2019年（令和元年）、政府は会社に対しパワハラを防止するためにしかるべき措置を取ることを義務とする法令改正を行いました。会社には働く人にパワハラはいけないことを伝え、その発生を防止し、相談窓口を設けるなどの対応が求められています。中小事業主には、2022年（令和4年）4月1日から義務化されますが、それまででも改善する努力義務があります。

あなたを守ってくれる法律

労働施策総合推進法第30条の2 第1項｜雇用管理上の措置等

会社は、職場において優越的な立場の人の業務上必要と思われる範囲を超えた言動により、働く人の職場環境が害されることがないよう働く人の相談に応じ、適切な対応をするために必要な体制の整備や措置を講じなければなりません。

労働施策総合推進法第30条の2 第2項｜不利益な扱いの禁止

会社は、働く人が第1項の相談を行ったこと、または会社によるハラスメントの相談への対応に協力した際に事実を述べたことを理由として、解雇その他不利益な取扱いをしてはいけません。

Point　パワハラの定義とは？

1. 優越的な立場を背景とした言動

2. 業務上必要かつ相当な範囲を超えたもの

3. 働く人の就業環境が害されるもの

1〜3の要素をすべて満たすものがパワハラにあたります。客観的にみて、業務上必要かつ相当な範囲で行われる適正な業務指示や指導は該当しません。

1の「優越的な立場」とは、上司のほか、協力を得なければ業務を遂行できない同僚や部下も含まれます。

パワハラ防止において会社に課せられている義務

　会社には、以下の措置を必ず講じることが求められ、法律で義務づけられています。また、働く人がパワハラについて相談したり、調査等に応じて事実を述べたりしたことを理由として解雇することや、不利益な扱いをすることは法律で禁じられています。

会社の方針等の明確化、及びその周知・啓発

- 職場におけるパワハラを行ってはいけないとした方針を明確化し、働く人に周知・啓発すること
- パワハラに対して厳正に対処する方針を就業規則等の文書に規定し、働く人に周知・啓発すること

相談に応じ、適切に対応するために必要な体制の整備

- 相談窓口を定めて、働く人に周知し、相談窓口の担当者が、適切に対応すること

職場におけるパワハラの事後の迅速かつ適切な対応

- 事実関係を迅速かつ正確に確認すること
- 速やかに被害者に対する配慮のための措置を適正に行うこと
- 事実関係の確認後、パワハラをした人への措置を適正に行うこと
- 再発防止に向けた措置を講ずること（事実関係が確認できなかった場合も同様）

その他あわせて講ずべき措置

- 相談者、パワハラをした人等のプライバシーを保護するために必要な措置を講じ、その旨を他の働く人たちにも周知すること

パワハラか否かを判断する6つのタイプ

1. **身体的な攻撃**　上司が部下に対して、殴ったり足蹴にしたりするなどの暴行をする

2. **精神的な攻撃**　上司が部下に対して、人格を否定するような脅迫・名誉毀損・侮辱などの暴言を吐く

3. **人間関係からの切り離し**　気に入らない人に、仕事から外す、別室に隔離する、自宅研修をさせるなどをする。仲間から外したり、無視したりする

4. **過大な要求**　上司が部下に仕事として明らかに必要のないことや、到底できないことを強制する。仕事の妨害をする

5. **過小な要求**　上司が部下を退職に誘導するため、能力や立場からかけ離れた程度の低い仕事を命じる

6. **個の侵害**　私的なことに必要以上に立ち入る。職場の内外で監視をする

　上記により、働く人が身体的、または精神的に苦痛を与えられ、仕事をする上で重大な悪影響が生じたり、働くのに見過ごすことができないほどの支障を生じたりすることをパワハラと判断する指針です。言動の頻度や継続性は考慮されますが、身体的・精神的に強い苦痛を与えるような言動の場合は、たとえ1回でも働く人の職場環境を悪化させるものと認定される場合もあります。

上司から叱責され、ファイルの束を投げつけられました

暴力はダメ！

優越的な立場の人が叱責として身体的な攻撃をすることは違法です

叱責とは名ばかりの身体的な攻撃は、暴行、傷害にあたる

「身体的な攻撃」とは、上司が仕事の上で抵抗のできない部下に対して殴ったり、足蹴にしたりするなどの暴力を振るうことです。叱責する際に物を投げつけることも含まれています。一方、過ってぶつかったとか、仕事上で関係のない同僚同士が単なるけんかをしたなどはパワハラにはあたらないと考えられます。

判例

過重労働と上司からの暴行に1億円の損害賠償が認められる

医師免許取得から3年目、総合病院勤務2ヵ月目の新人医師が、過重労働と複数の上司からの軽度の暴行のためにうつ病になり、自殺しました。

新人医師は体調不良を訴えていませんでしたが、裁判所は上司には健康に注意すべき安全配慮義務があり、指導とはいえ暴力は許されないとして、新人医師の遺族に1億円の損害賠償金を支払うことを命じました。

→公立八鹿病院組合ほか事件／広島高裁松江支部判決

平27・3・18

時間外労働と顔面殴打は、指導の範囲を逸脱

料理店を経営している人が、働く人に常に1ヵ月80時間の時間外労働と休日出勤をさせ、常々の強い叱責と少なくとも2回の顔面への平手打ちをしたために、働く人は自殺しました。

裁判所は、経営者の働く人に対する指導と対応の範囲を逸脱するものと判断し、法律違反としました。ただし、その料理店は昼夜1組ずつしか客を取らない方針でそれほど忙しくはなく、働く人も同じ失敗を繰り返していたので叱責も無理はないと判断され、賠償金は50％減額されました。

→A庵経営者事件／福岡高裁判決　平29・1・18

上司から人格を否定する内容のメールを同僚に一斉送信されました

働く人の人格を否定したり、罵倒したりしてはいけません

人格を否定するメールは名誉毀損にあたる場合も

　パワハラタイプ②の「精神的な攻撃」は、主に言葉によるものです。人格を否定する、他の人が見ているところで必要以上に長時間厳しい叱責を繰り返す、相手を否定し罵倒するメールを本人だけでなく同僚にも送りつける、といったことです。

　一方、遅刻をたびたび注意しても直さない人を叱責するなど、問題行動を行った人に対して強く指導することは含まれません。

判例

他の人がいる前で罵倒を繰り返すのは不法行為

新入社員がミスをするたびに、営業所長が他の従業員がいる前で「なんでできないんだ。ばかやろう」などと、多いときには1日に2〜3回罵倒しました。また毎月100時間以上の時間外労働をさせられ、肉体的・精神的に負担がかかり、入社6ヵ月後にその社員（22歳）は自殺。

裁判所は、大学を卒業したばかりで上司からの叱責に慣れていない新入社員に対し、一方的に恐怖心や屈辱感、不安感を与えたとして、会社に損害賠償金約7,000万円の支払いを命じました。
→岡山県貨物運送事件／仙台高裁判決　平26・6・27

部下を叱咤するメールを社内に送付した上司は名誉毀損

上司が部下の課長代理に、「やる気がないなら、会社を辞めるべきだと思います。あなたの給料で業務職が何人雇えると思いますか。これ以上迷惑をかけないでください」と大きな赤字で書いたメールを本人と職場の同僚に送信しました。

裁判所は、目的は仕事の向上を目指させるものでパワハラの意図は認められないとしたものの、表現方法が名誉毀損にあたるとして、上司に損害賠償金5万円の支払いを命じました。
→A保険会社上司（損害賠償）事件／東京高裁判決　平17・4・20

仕事を与えられず、みんなから無視されて孤立しています

あっぽくも空いています…

「隔離」「仲間外し」「無視」はパワハラになります

働く人を故意に孤立させ職場環境を悪化させるのは違法です

　パワハラタイプ③の「人間関係からの切り離し」は、上司が自分の気に入らない人に仕事を与えなかったり、長期間別室に隔離したり、自宅研修をさせたりして、職場の人々との人間関係を断ち切ることです。

　一方、新規に採用した人を育成するために短期間集中的に別室で教育する、といったことはパワハラにはあたりません。

判例

仕事外しと隔離は違法として、慰謝料の支払いを命じた

　働く人に対して、退職を迫るための社員集会の開催や宿泊先・作業場所等についての嫌がらせを指示し、部下に対して働く人を無視すること、監視して言動を報告すること、あら探しをすることを命じていたなどの行為は不法行為にあたるとして慰謝料の支払いを命じました。

→アールエフ事件／長野地裁判決　平24・12・21

Point　「人間関係からの切り離し」に該当するとされる例

1. 自身の意に沿わない働く人を仕事から外し、長期間にわたって別室に隔離したり、自宅研修をさせたりすること。
2. 1人の働く人に対して同僚が集団で無視をし、職場で孤立させること。

　一方、1) 新規に採用した働く人を育成するために短期間集中的に別室で研修等の教育を実施すること、2) 懲戒規定に基づき処分を受けた働く人に対し、通常の業務に復帰させるために、その前に一時的に別室で必要な研修を受けさせることは「人間関係からの切り離し」に該当しないと考えられます。

入社していきなり難しい仕事を任され、できないと怒られます

必要な教育がなされないまま仕事を命じて遂行できなくても叱責の理由にはなりません

遂行不可能なことを強要することはパワハラになる

　肉体的苦痛を伴う過酷な環境のもとで仕事と直接関係のない作業を長時間させたり、新卒の人に必要な教育をしないまま難しい仕事を命じたりし、できなければ厳しく叱ることは「過大な要求」になります。上司が部下に私用を命じることも含まれます。一方、部下を育てるため少し高いレベルの仕事を任せたり、繁忙期に普段より多めの仕事をさせることはパワハラにはなりません。

判例

バス運転手に命じた8月の炎天下での除草作業はいじめと認定

　路線バスの運転手が接触事故を起こしました。所長は乗車勤務から外して、多数の下車勤務の中から最も過酷な8月の炎天下での構内の除草作業を期間を示さずに命じました。除草作業は、終日、あるいは午前または午後いっぱいかけて行われ、それが毎日繰り返し1ヵ月間続いたのです。その後、乗車勤務を始めてからも1ヵ月以上、別の人が同乗して指導を受けました。この2点について、運転手は精神的損害を受けたとして、会社と所長に慰謝料を請求した事件です。

　裁判所では、最初の炎天下での作業は、乗車復帰後に安全運転をさせるための下車勤務という目的からは大きく外れ、病気になるかもしれないとわかっていながら炎天下での除草作業を命令したのはいじめにあたり、違法な業務命令であると判断。2つ目の添乗指導は、運転技術の矯正のための教育であって違法ではないとしました。これらのことから、慰謝料60万円の支払いが認められました。

→神奈川中央交通（大和営業所）事件／横浜地裁判決　平11・9・21

明らかに退職させようと
仕事をさせてもらえません

コピーとり
ばっかり…

あいつはコピーでも
とってれば
いいんだ！

…

業務上の合理性なく
仕事を与えないことは
違法と判断されます

働く人の意欲を低下させることは職場の生産性にも影響する

　退職させることを念頭に置いて、能力や経験とはかけ離れた誰にでもできる簡単な仕事をさせたり、気に入らない人に嫌がらせをして仕事を与えなかったりといった行為は、パワハラの中の「過小な要求」にあたります。一方、働く人の能力に応じて、仕事の内容や量を減らしてあげるといった配慮はパワハラにはあたりません。

判例

退職に追い込むための降格は不法行為

　経営方針の推進と徹底を急務としていた外資系銀行の日本支社では、新経営方針に積極的に協力しない管理職を降格しようとしました。そんななか、総務課課長が受付に配置転換されました。それまで総務課の受付は20代前半の契約社員の女性が担当していて、外国書簡の受領発送、書類の各課への配送などの単純作業と来客の取次が主な仕事でした。昔からの知り合いも多くやって来るなか、それらの人々に降格されたことが知られる仕事であって、勤続33年の課長経験まである人にふさわしい職務であるとは到底いえるものではありません。受付業務は元課長が解雇される直前まで続きました。

　裁判所は、元課長をわざと経験や知識にふさわしくない職務に就かせることで、銀行内外の人々にさらしものにして生きがいを失わせ、職場に居づらくさせて退職に追い込むことを目的とした配置転換であるとしました。元課長の屈辱感と精神的苦痛は相当なものであったと判断し、不法行為として会社に対して慰謝料100万円の支払いを命じました。

→バンク・オブ・アメリカ・イリノイ事件／東京地裁判決
　平7・12・4

プライベートなことを
上司に詮索され、困っています

この前の休み
どこ行ったの？

ご主人ってさ〜

昨日帰ってから
何してたの〜？

・・・

個人的なことに
むやみに
立ち入ってはいけません

プライバシー保護の観点から禁じられている「個の侵害」

「個の侵害」は、働く人を職場の中だけでなく外でも継続的に監視したり、私物の写真を撮ったりするなど、仕事を離れて個人的なことに過度に介入することを指します。また、本人の了承を得ずに病歴などの個人情報を同僚に暴露することもこれにあたります。一方、働く人へ配慮するために、家族の様子を尋ねることなどはパワハラにはあたりません。

判例

男女交際に口をはさんだ上司は、私生活への不法な介入

市役所の福祉課勤務の人に、総務課長は「きみがA子と市営団地の前で抱き合っていると通報があった。入庁して右も左もわからない若い子をつかまえて、だまして。うわさになって美人でもなくスタイルもよくないA子が結婚できなくなったらどうするんだ」と言い、次にA子を呼び出し「あいつは危険人物だぞ、これまでにもたくさんの女性を泣かせてきた」などと言いました。

裁判所は、2人とも成人で仕事に影響のない限り交際は自由であり、総務課長の言動は、誹謗中傷、名誉毀損、本来自主的な判断に委ねるべき私生活上の事項に過度に介入した職務専念義務違反であり違法として、市役所に慰謝料30万円を命じました。

→豊前市（パワハラ）事件／福岡高裁判決　平25・7・30

働く人の病気を理由にした不当な解雇

派遣先企業で働く人のHIV感染の事実が発覚し、派遣先企業が派遣元企業へ、派遣労働者の感染事実を連絡した結果、働く人が解雇されました。HIV感染に関する情報は、感染者に対する社会的偏見と差別があることから、極めて秘密性の高い情報に属するものとして、感染事実の連絡は、違法情報漏洩にあたると判断されました。HIV感染を実質的な理由とする解雇は正当性を欠き、解雇権の濫用として違法となるとしています。

→HIV感染者解雇事件／東京地裁　平7・3・30

上司のデートの誘いを断ると「評価を下げる」と言われます

働く人に性的な発言や行動でストレスを与えた場合、会社にもその責任が問われます

職場の環境を悪化させ、能力の発揮を妨げるセクハラ

　セクハラは、性的な発言や行動などの嫌がらせです。被害者の尊厳を傷つける人権問題であるとともに、働く人の能力の発揮を妨げ職場の環境を悪化させてしまいます。性的な言動とは性的な質問をする、性的な情報を流す、性的関係を強要する、体に触る、職場にヌードポスターを貼るなどで、男性から女性、女性から男性、同性に対する行為も含まれます。

あなたを守ってくれる法律

男女雇用機会均等法第11条｜職場における性的な言動に起因する問題に関する雇用管理上の措置等

会社は性的な言動に対して、相談に乗って必要な体制を整え、措置を講じなければなりません。

2項　相談したり聞かれたことに対して事実を言ったりしたことを理由に解雇してはいけません。

3項　他の会社が必要な措置を行うために協力を求めてきたら、応ずるように努めなければなりません（企業間の協力）。

4項　厚生労働大臣は、会社が行う措置のために必要な指針を定めます。

男女雇用機会均等法第11条の2｜職場における性的な言動に起因する問題に関する国、事業主及び労働者の責務

国と会社と働く人は、性的言動問題に関する理解と関心を深め、当事者同士の言動に注意を払い、それぞれが適切な措置を行うよう努めなければなりません。

女性活躍推進法第8条｜一般事業主行動計画の策定等

働く人が301人以上の会社（大企業）は、女性の職場での活躍を進める取り組みへの計画を作り、厚生労働大臣に届け出なければなりません。内容は、計画期間、達成目標、取り組みの内容と実施時期です（働く人が101人以上の中小企業は2022年4月1日より施行）。

判例

自分の地位を利用して査定をちらつかせる対価型セクハラ

　管理職の男性が、複数の女性社員や派遣社員への執拗なデートの誘いや「今すぐにでもあなたを抱きたい」などとのメールをしたり、担当でない部下に業務出張を命じて同行し「2人で宿を取ろう」などと迫りました。また、男性社員に「単身赴任で大変だから、夜だけ相手をしてくれる女性を紹介してくれたら管理職にしてやる」などと発言したのです。会社は調査した後、管理職のみならず社員としての適性がないとしてこの男性を解雇。これを不服として提訴した男性に対し、裁判所は解雇が有効としました。

→F製薬解雇事件／東京地裁判決　平12・8・29

会社の調査と対応の不十分さに対して慰謝料を認める

　働く人は会社にセクハラ行為を訴え続けていました。ところが、会社は加害者から簡単な事情聴取をしただけで、セクハラが実際に行われていたかどうかを確認しないまま、加害者に「誤解を受けるような行為をしないように」と注意したのみでした。

　このことについて裁判所は、会社に対して調査不十分として、働く人への慰謝料30万円を認定しました。

→A社損害賠償請求事件／大阪地裁判決　平21・10・16

セクハラは加害者だけでなく、会社も責任を問われる

　セクハラについて、法律では会社に対して加害者への厳正な対処とともに、調査や相談窓口の設置などを義務づけています。同時に、相談してきた被害者に、不利益な扱いをしてはいけないとしています。判例を見ると、加害者への厳しい処断とともに、加害者への会社の判断が有効だったかどうかを争う裁判も増えています。ただし、違法なセクハラかどうかは各ケースの状況によって判断する必要があります。

セクハラには「対価型」と「環境型」がある

　セクハラは、大きく「対価型」「環境型」の2つに分類されます。

・**対価型**

　上司などが自分の地位を利用して解雇や降格、減給などをにおわせて性的要求をする。

・**環境型**

　性的なうわさを流したり胸やおしりを触ったり、職場にヌードポスターを貼ったりするなど仕事の妨げになることをする。

妊娠を報告すると、「解雇する」と言われました

ご相談なのですが…

会社は妊娠や出産を理由に解雇できません

会社は上司や同僚からのマタハラ対策をしなければならない

　男女雇用機会均等法や育児・介護休業法により、会社はマタニティハラスメント（上司や同僚からの妊娠・出産・育児休業に関するハラスメント。以下マタハラ）に対する必要な措置を取るよう求められています。さらに、マタハラの原因や背景を解消するようにとされています。被害にあったら、会社の相談窓口に伝えて会社としての対応を求めるようにしましょう。

あなたを守ってくれる法律

男女雇用機会均等法第9条｜
婚姻、妊娠、出産等を理由とする不利益取扱の禁止等

会社は、働く女性が結婚・妊娠・出産したら退職と決めてはいけません。

3項　会社は、妊娠、出産、産前・産後の休業または軽易業務への転換などを求めたからと解雇や不利益な扱いをしてはいけません。

男女雇用機会均等法第11条の3｜職場における妊娠、出産等に関する言動に起因する問題に関する雇用管理上の措置等

会社は働く女性が妊娠・出産に関して相談してきたら、対応に協力しなければなりません。

育児・介護休業法第25条2項｜職場における育児休業等に関する言動に起因する問題に関する雇用管理上の措置等

会社は、働く女性が育児休業、または育児に関する相談をしたことで解雇してはいけません。

判例

妊娠を理由に退職させられたのは無効

妊娠中の働く女性が、休業期間中に退職扱いにされてしまいました。これに対し、「妊娠中に女性が退職するつもりがあったのか」という意思表示が裁判の焦点となりました。

裁判では、働く女性は退職する意思はなかったのに会社に退職させられたと判断し、退職は無効であると判決されました。

→TRUST事件／東京地裁立川支部判決　平29・1・31

配置転換希望を無視した会社は、就業環境整備義務違反

介護職員として働く女性が妊娠し「軽い仕事に換えてもらいたい」と所長に伝えたところ、所長は「妊婦として扱うつもりないんですよ。流産してもかまわないという覚悟を持って働くべき。万が一何かあっても自分は働くちゅう覚悟があるのか。最悪ね。だって働くちゅう以上、そのリスクが伴うんやけえ」などと言い、会社は妊娠しても以前以上に精勤すべきだとして配置転換をしませんでした。

裁判では、上司として妊婦の人格権を害し、会社は職場環境を整える義務に違反したとしました。

→ツクイほか事件／福岡地裁小倉支部判決　平28・4・19

マタハラは2つのタイプに大別される

マタハラには、大きく2つのタイプが見られます。

「制度等の利用」への嫌がらせタイプ

働く女性が労働基準法によって定められた産前産後休業や、育児・介護休業法に基づく育児休業など妊娠や出産に関する制度を利用したことを理由にいじめや嫌がらせをしたり、解雇をほのめかすもの。

「状態」への嫌がらせタイプ

働く女性が妊娠や出産をしたことなどに対するいじめや嫌がらせをしたり、解雇をほのめかすもの。

いずれも職場環境が悪くなる原因になります。会社はこれらに対して相談に乗ったり、対策を取ったりしなければなりません。

産後の降格を無効とし地位を確認した裁判例

理学療法士の副主任として働く女性が妊娠し、労働基準法第65条3項の妊娠中の軽易な業務への転換を請求したところ、降格され副主任ではなくなっていたのを訴えました。

裁判では、降格が男女雇用機会均等法第9条3項の「不利益な取扱い」にあたるかどうかが争われ、判決では法律違反であるとして、慰謝料と副主任手当の全額支払いを命じました。

→広島中央保健生協（C生協病院）事件／最高裁小判決 平26・10・23

セクシャルマイノリティに対するハラスメント「SOGIハラ」

　今や多くの人に認識されている性的なマイノリティLGBTQ。L＝レズビアン、G＝ゲイ、B＝バイセクシャル、T＝トランスジェンダー、そしてこれらに、自分の性がどちらなのか決められなかったり、迷っていたりしているQ＝クエスチョニング（またはQueer）を加えて、LGBTQと呼ばれています。「SOGIハラ」は、さらに広い意味でそれぞれの性的指向を指し、パワハラの中では「精神的な攻撃」にあたります。

　「SOGI」とは、働く人の性的指向（Sexual Orientation）や性自認（Gender Identity）を指します。性的指向とは男女のどちらの性に恋愛感情を持つかということで、性自認とは自分が男女のどちらの性だと感じているか、ということです。「SOGIハラ」は、差別的な言葉を発し行動をとるハラスメントになります。

プライバシーの侵害に当たる「アウティング」

　LGBTQなど性的指向や性自認をはじめ、病歴や不妊治療などの微妙な個人情報について、本人の許しのないまま言いふらしたりすることをアウティングといいます。これは私的なことに深入りする「個の侵害」にあたります。最近では、これらも新しいパワハラとして訴訟問題が起きています。

　パワハラ法では、会社にＳＯＧＩハラやアウティングによるハラスメントについて禁じて相談窓口を設けたり、それらを周知したりする義務が課せられています。もし、会社がなんら措置を講じない場合には、各都道府県の労働局に相談しましょう。

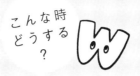

こんな時
どうする
？

気になるパワハラ
テレワークハラスメント

　コロナ禍による自粛で在宅勤務など新しい働き方が広がり、テレワークを取り入れる企業が増えました。それに伴い、メールやチャット、ビデオ会議をめぐるハラスメントの相談が増えたといいます。個人とのやりとりが多くなるため、会社内でのマナー教育や周知が求められそうです。

テレワークハラスメントの例

・ 昼夜を問わず、上司からメールが届く。

・ 上司から「ビデオ会議ソフトなどの使い方を教えて」と頻繁に電話が来る。

・ 男性上司から「カーテンの柄がかわいいね」など、部屋の中のことについて言われる。

・ 女性が自宅にいる画面を見た男性社員が、何も言わずにニヤニヤしている。

・ 重要なオンライン会議やリモート飲み会に、一部の人だけが呼ばれる。

弁護士からひと言 ❸

トラブルをうまく解決するには？
弁護士費用はいくらかかるの？

これまで、数多くの職場でのトラブルについて解決の手助けをしてきましたが、当事者となっている方の中で、法律について知識がある方はほとんどおられません。専門家ではないのですから、当然のことではありますが、ここで言いたいのは、知識がないために損をしている方があまりにも多いということです。

職場でのトラブルの相手は、会社という組織だけではありません。特にハラスメントについては、上司、同僚、顧客などさまざまです。

どう解決すべきか悩んだときに真っ先に思い当たるのが法律のプロである弁護士でしょう。ただ、弁護士への依頼となると、その費用を心配される方が多いようですが、法テラスなら3回まで無料、弁護士会でも無料や30分2000円の相談料で対応するところが増えてきています。訴訟となるとそれなりの費用がかかることになりますが、費用面の確認も含めて、これらの窓口で相談してみることをおすすめします。

労働局や労政事務所などのあっせんや、労働局の指導・助言や調停、民事調停など費用面で大きな負担とならない方法もあります。

CHAPTER 4

労災

仕事が原因の事故や病気は補償されるの？

会社の安全配慮義務違反により事故が起きた場合には、会社は働く人に補償をしないといけません

　働いているときに災害や事故にあうことがあります。法律では、会社は働く人の安全や衛生に関して気を配らなければならないとし、労働災害（労災）を未然に防ぐよう配慮し、快適な職場づくりに努めなければなりません。

　安全管理や健康診断を行う義務は「労働安全衛生法」という法

律の中で具体的に決められています。会社がこれに違反すると、罰を受けることもあります。さらに「労働契約法」という法律の中でも、会社が働く人に安全配慮をしなければならないとしています。

　会社が配慮をしていても、働く人が仕事中や通勤の際に、ケガをしたり、死亡したりするといった災害にあうことは起こり得ます。そうすると、働く人は治療や入院をしたために収入がなくなったりして、家族が生活に困ってしまいます。そのため「労働基準法」では、働く人が仕事の上での病気やケガをしたときには会社が医療費を負担し、その病気やケガで働けない間は、休業補償を支払わなければならないとしています。

　しかし、会社では賄えないほど大きな事故が起きた場合に、働く人が確実な補償を得られるように設けられているのが「労災保険（労働者災害補償保険）」です。労災保険は、働く人の業務が原因のケガや病気、死亡（業務災害）、さらに通勤途中の事故（通勤災害）が労災と認められた場合に、保険給付を行う公的な制度です。基本的に働く人を一人でも雇用する会社は、労災保険制度の適用手続きをしなければなりません。保険料は全額会社が負担します。

　パートタイマーやアルバイトを含むすべての働く人が対象で、仮に会社が適用手続きをしていなくても給付を受けることができます。各種受付は、労働基準監督署で行います。

心配しないで！

仕事中や通勤途中のケガは労災保険で治療費を請求できますか？

労災または通勤災害と認定されれば、労災保険からの療養^{（補償）}給付を受けられます

労災には、「業務災害」と「通勤災害」がある

　働く人が労災保険から給付を受けられるのは、「業務災害（労災）」と「通勤災害」の2種類です。「業務災害」は会社の業務中に起きた災害のことで、ケガや病気の原因が業務によるものでなければなりません。これを「業務起因性」といいます。「通勤災害」とは、仕事に行くために家を出て帰るまでの通勤途上で発生した災害のことをいいます。

あなたを守ってくれる法律

労災保険法第1条｜目的

労災保険は、業務上の理由や通勤による働く人のケガや病気、障害、死亡などに迅速かつ公正な保護をするために必要な保険を給付します。あわせて働く人の社会復帰の促進と遺族の援護、働く人の安全と衛生を確保することを目的とします。

労災保険法第7条1項｜保険給付の種類

労災保険は、①働く人の業務上のケガ、病気、障害、死亡、②働く人の通勤によるケガ、病気、障害、死亡、③二次健康診断等（下記Point参照）に給付します。

注：　業務災害の保険給付の種類には、①療養補償給付、②休業補償給付、③障害補償給付、④遺族補償給付、⑤葬祭料、⑥傷病補償年金、⑦介護補償給付、があります。

Point　過労死を予防するための「二次健診給付」

過労死の予防対策のために、「二次健診給付」があります。法が定める健康診断に基づき、一定の場合に限って二次健康診断か保健指導が労災保険として現物給付されるものです。

労災保険法第26条の「二次健康診断等給付の請求、給付の範囲」では以下のように定めています。

脳血管疾患と心臓疾患の発生に関わる検査が行われ、働く人に異常が認められた場合に、請求に応じて二次検査の給付を行います。さらに、二次健診の結果に基づいて医師か保健師の指導を1回に限り行います。

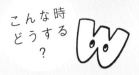

こんな時
どうする
？

仕事をしていたために
新型コロナウイルスに感染してしまいました。
補償してもらえるのでしょうか？

　業務中に発生した災害は「労災」として扱われ、労災保険法に基づいて一定の医療費（療養費）や休業補償を受けることができます。労災保険は国が管理する強制保険ですから[1,2]、労災の制度が使えない会社はありません。ただし、補償を受けるには労災申請をしなければなりませんから、仕事中に新型コロナウイルス感染症にかかったという感染経路を証明するための時間と労力が必要となります。速やかに補償を受けたいなら、健康保険の傷病手当金を受給します。これなら4日以上連続で勤務できなければ申請できます。

　新型コロナウイルス感染症に関する労災認定について、厚生労働省は①医療従事者等は原則として労災保険給付の対象となる、②医療従事者以外で、感染経路が特定できなくても、複数の感染者が確認されたところでの仕事、お客さんとの接触の機会が多い仕事については、業務によって感染した可能性が高いため、それぞれの業務内容に合わせて適切に判断するとしています。

[1]： 労災保険法第2条　管掌
[2]： 労働保険の保険料の徴収等に関する法律第3条　保険関係の成立

満員電車で通勤していたために
感染症にかかって、
会社を休まなければならなくなりました。
労災になるでしょうか？

　通勤災害による労災認定の場合、感染が「通勤」の途中で起こったものでなければなりません[1]。ここで言う「通勤」とは、自宅と会社との間を「合理的な経路と方法で往復している」ことを指します。そのため、出社・帰宅途中での外食、通院、買い物などの行動は「通勤中」とはみなされません。

　また、感染症の場合には、感染経路を証明することが必要です。満員電車で「通勤」しているとしても、「通勤途中」で立ち寄りをしている場合には、はたしてどこで新型コロナウイルスを体内に取り込んだかを証明するのは、容易ではなさそうです。

　この場合、まずは健康保険の傷病手当金の受給手続きをあたってみましょう。労災認定は事後に申請することもできますので、仮にのちほど労災に認定されたとしても、既に受け取った傷病手当金はそのままでかまいません。

[1]：　労災保険法第7条2項　保険給付の種類

119

海外出張中に病気になったら、労災は適用されますか？

国内の会社に属している場合には、適用されます

海外での仕事も、基本的には労災保険が支払われます

　海外で仕事をする場合、大きく「海外出張」と「海外派遣」とを区別します。このとき、働く人が国内の会社に属して国内の指揮を受けているなら労働基準法が適用されます。仕事場が独立した会社では適用されません。労災保険法についても、基本的には労働基準法と同じ扱いになります。(「海外出張」と「海外派遣」の詳しい説明は123ページ参照)

あなたを守ってくれる法律

労災保険法第1条｜目的

労災保険は、業務上の理由や通勤による働く人のケガや病気、障害、死亡などに対して必要な保険給付を行わなければなりません。海外派遣者（労災保険法第33条6号　特別加入できる者）は、労災保険給付が受けられないため、あらかじめ海外派遣者特別加入制度の加入手続きをとっておく必要があります。

労災保険法第33条6号、7号｜特別加入できる者

海外派遣者とは、開発途上にある地域に対する技術協力の実施の事業を行う団体から派遣されて現地で働く人や、日本国内の会社から派遣されて海外で行われる事業（工場、支店など）で働く人を指します。

Point　海外出張で労災が適用される範囲は？

「海外出張」の際には、国内の会社の指揮に従って仕事をします。この場合、国内の出張と同じ扱いで労災が適用されます。原則として現地に向かう途中の災害も現地での宿泊や食事の際も出張期間中の災害については補償の対象になります。

判例

海外出張中の過重労働による発病を労災と認定

　貿易会社に勤めていた男性が、14日間でアジアの6つの国と地域を回る海外出張に出かけました。男性は、12日目にタイから香港に向かう航空機内で腹痛を起こし、香港の病院で十二指腸潰瘍の手術を受けました。男性にはもともと慢性十二指腸潰瘍がありましたが、最高裁は「過重な出張により基礎疾患が急激に悪化して発症」と判断して労災と認めました。

→神戸東労働基準監督署長事件／最高裁小判決 平16・9・7

長期滞在だが国内の会社に属していたため労災を適用

　運送会社に勤める男性が中国・上海事務所に赴任し、4年後に急性心筋梗塞で亡くなりました。遺族が遺族補償給付と葬祭料の支給を求めたところ、労働基準監督署は「男性は海外派遣者で特別加入していないため、労災と認定できない」としました。これを不服として、遺族が訴訟を提起。争点は、「男性は海外出張者か海外派遣者か」です。東京高等裁判所は、「日本の会社から給料を受け取って出席簿も提出、会社は長期出張として労災保険料の納付を続けていたことから海外出張者である」とみなし、労災保険法の補償を受けられると判断しました。

→国・中央労働基準監督署長事件／東京高裁判決 平28・4・27

「海外派遣」で労災を受けるには条件がある

　国内の会社の指揮のもとに仕事をする「海外出張」と異なり、「海外派遣」では労災の適用が変わってきます。「海外派遣」とは、海外支店などへの駐在員の派遣や、提携先の諸外国の企業への出向を指します。派遣先が独立した会社であると、働く人は労災保険給付を受けられません。その場合、あらかじめ会社に「海外派遣者特別加入制度」への加入手続きをとっておいてもらうと労災が適用されるようになります。ただし、現地法人の社長や留学目的の派遣は働く人とはみなされず、特別加入はできません。

　「海外派遣」に関する赴任途上における災害については、以下の要件をすべて満たすものが「業務災害」と認められます（厚生労働省ホームページ「特別加入制度のしおり（海外派遣者用）」参照）。

1. 海外派遣を命じられた労働者が、その転勤に伴う移転のため転勤前の住居などから赴任先事業場に赴く途中で発生した災害であること
2. 赴任先事業主の命令に基づき行われる赴任であって、社会通念上、合理的な経路および方法による赴任であること
3. 赴任のために直接必要でない行為あるいは恣意的行為に起因して発生した災害でないこと
4. 赴任に対して赴任先事業主より旅費が支給される場合であること

過労死や過労自殺は
労災になりますか？

明らかに
重すぎる仕事が
原因なら、
労災と認定
されます

「過労死」「過労自殺」には厚生労働省が定める判断基準がある

　長時間労働で休みがない、精神的に追い詰められた……。仕事によって働く人の命が失われたとき、厚生労働省では「脳・心臓疾患等による死亡」を過労死、「うつ病等による自殺」を過労自殺と定め、その判断基準（127ページ参照）を設けています。重すぎる仕事が明らかな原因なら、過労死や過労自殺は労災と認定されますが、厚生労働省の定める判断基準を満たす必要があります。

あなたを守ってくれる法律

過労死等防止対策推進法第1条｜目的

近年多発し大きな社会問題になっている過労死等は、本人・遺族（家族）・社会にとっても大きな損失なので、過労死防止のための調査研究や対策をし、健康で充実して働ける社会を目指します。

労働基準法施行規則別表第1の2｜労災補償の対象疾病

8号　長時間などの業務による脳出血、くも膜下出血、脳梗塞、高血圧性脳症、心筋梗塞、狭心症、心停止（心臓性突然死）、解離性大動脈瘤とこれらの疾病に付随する疾病を労災補償の対象疾病とします。

9号　人の生命に関わる事故への遭遇その他心理的に過度の負担を与える事象を伴う業務による精神及び行動の障害またはこれに付随する疾病を労災補償の対象疾病とします。

労災保険法第26条｜二次健康診断等給付の請求、給付の範囲

一次健康診断で脳血管疾患及び心臓疾患の発生に関わる検査の結果、異常があると診断されたときに、請求すれば二次健康診断料の給付をします。

労働安全衛生法第65条の3｜作業の管理

会社は働く人の健康に配慮して、作業を適切に管理するように努めなければなりません。

判例

長時間労働による過労死で損害賠償を認める

　介護老人施設で総務・経理担当として働く男性が、同僚の退職などにより長期間にわたり休日出勤をするようになっていました。やがて男性は職場でくも膜下出血を発症して亡くなりました。遺族は長時間労働など過重な労働が死亡原因として、約8,000万円の損害賠償を求めて提訴。裁判所は健康診断の実施状況などを考慮して会社と上司に約7,000万円の支払いを命じました。この裁判は、労災認定されてから慰謝料を求めて争ったものです。

→和歌山ひまわり会事件／和歌山地裁判決 平27・8・10

過労自殺についての会社の責任が認められて遺族側が勝訴

　大手広告代理店に勤務していた大学卒の新入社員が、長時間労働が常態化し、入社約1年5ヵ月後に自殺しました。男性は徹夜が増えるにつれ言動の異常が見られるようになりうつ病を発症、2泊3日の地方出張からの帰宅後に縊死。遺族は会社と上司に対して、長時間労働を強いられたこと、安全配慮義務に反すること、長時間労働防止と健康管理義務を怠ったことを理由に約2億2,000万円の損害賠償を請求しました。裁判所は、男性がうつ病親和性を持つこと、家族が勤務状況改善努力を取らなかったことなどを理由に減額した高裁の判断を否定し、約1億2,000万円の支払いを命じました。

→電通事件／最高裁小判決 平12・3・24

過労によって働く人が死亡した場合の労災認定

　経済状況の急激な変化によって、多くの会社で働く人の環境に無理が生じています。「過労死」と「過労自殺」を防ぐために、厚生労働省が労災の認定基準を設けています。

過労死の認定基準

1. 発症直前の異常な出来事（精神的負荷、身体的負荷、作業環境の変化など）

2. 短期的な過重労働（発症前1週間）

3. 長期的な過重労働（発症前1ヵ月におおむね100時間を超える時間外労働。または、発症前2〜6ヵ月を平均して月80時間を超える時間外労働）

　労働時間のほかに考慮されることとして、不規則な勤務、長い拘束時間、出張の多さ、交替制・深夜勤務、作業環境（温度、騒音、時差）、過大なノルマなど精神的緊張、があげられます。

過労自殺が労災認定される条件

1. 精神障害を発症

2. 発症前6ヵ月間に仕事上で強いストレスがあった

3. 仕事以外のストレスや基礎疾患が原因の精神障害ではないこと

　人格を否定するような言葉でパワハラを受けた場合や、長期間にわたる長時間残業や休日労働などの過労による「恒常的過重労働」があった場合は、労災認定されやすくなっています。

私の会社では健康診断がありません。受けられないのでしょうか？

いま休まれると困るなぁ

それ急ぎのやつ？

あの健康診断へ行きたいのですが…

休ませてもらえませんか…

会社には働く人に対して定期健康診断を行う義務があります

危険業務や安全管理についても規定

　仕事中にケガや病気が生じたら補償をすることは大切ですが、同時に、これらが起こらないように防ぐことも必要です。「労働安全衛生法」では、会社は働く人の安全や衛生に関して気を配らなければならないとしています。危険業務や安全管理についてふれているほか、健康診断を受けさせる義務についても規定しています。会社がそれを怠ったときには、罰せられることもあります。

あなたを守ってくれる法律

労働安全衛生法第66条1項、5項 | 健康診断

会社は、働く人の健康診断を行わなければなりません。また、働く人は会社が行う健康診断を受けなければなりません。ただし、他の医師が行う健康診断を受けてもかまいません。

労働安全衛生規則第44条 | 定期健康診断

会社は常時使用する働く人に対して1年以内ごとに1回、定期健康診断を行わなければなりません。

労働安全衛生法第3条1項 | 事業者等の責務

会社は快適な職場環境の実現と労働条件の改善をして、働く人の安全と健康を守らなければなりません。

Point　好きな医師を選ぶことができる

健康診断を受ける際には、会社の指定以外の医師の診断を受けることもできます。会社の指定した医師が、会社の意向を受けた診察結果を出すことを避けるためのものです。

また、常時50人以上の働く人がいる会社は、働く人の健康について会社に様子を伝えることのできる産業医を選んでおく必要があります。

快適に働くための健康診断

　会社には、働く人が入社したときのほかに、行わなければならない健康診断があります。必要とされる健康診断は一般の業務向けのものと、特殊な業務向けのものがあります。

定期一般健康診断（法定健康診断）

　1年以内ごとに1回、定期的に行う健康診断で、11項目の検診項目が定められています。入社したばかりのときの健康診断と、海外派遣者の健康診断も含めます。

特殊健康診断

　放射線にさらされる業務や潜水業務など、体に有害な影響を与える仕事では、健康診断は欠かせません。

心のケア「ストレスチェック」

　労働安全衛生法第66条には、働く人に対して医師、保健師などによる心理的な負担の程度を把握するための検査（ストレスチェック）を実施することが、会社の義務と定められています。（労働者数50人未満の事業場は当分の間努力義務とされています）。

　働く人自身がストレスを持っていることに気づき、ストレスの原因となる職場環境の改善につなげるもので、検査の結果、一定の要件に該当する働く人から申し出があった場合、医師による面接指導の実施が会社の義務となります。また、申し出を理由として働く人に不利益な扱いをすることは禁止されています。

会社が感染症にかからないようにする
措置を取ってくれません。
どうしたらいいでしょうか。

　感染症が広がっているときには、会社は職場における感染リスクを見極め、対策を行わなければならないと法律によって定められています。なかでも50人以上の働く人がいる会社では、衛生委員を設置しなければなりません。そして、毎月1回は衛生委員会を開き、職場での衛生について考えなければならないとしています。この衛生委員会を開いてもらい、具体的な改善策を提案することをおすすめします。

　また、会社に労働組合があるなら、労働組合を通して会社に衛生環境の改善の要望を出してみましょう。

　ちなみに、会社が感染拡大防止に関するガイドラインなどに沿った措置を含む安全配慮をしないためにやむを得ず欠勤したとしても、それを理由に懲戒したり解雇したりすることはできません。

労災保険の申請に
会社が対応してくれません

補償あるから
ゆっくり休んで！

会社が対応してくれなくても
自分で申請すれば、労災の
補償を給付してもらえます

会社が対応しないことを伝えて労働基準監督署に申請を

　労災保険の療養費の給付申請をするのは本人かその遺族です。会社は手続きを代行しているにすぎないので、自分で申請をしましょう。ただし、申請書に「災害の原因・発生状況」などを証明するために会社に記入してもらう必要があります。それに対応してくれない場合には、拒否された旨を伝える書面を添付して、会社を管轄する労働基準監督署に給付の申請を行います。

あなたを守ってくれる法律

労災保険法第1条｜目的

労災保険は、業務上の事由によるケガや病気、災害、死亡に対して保険給付を行います（私傷病は労災保険の適用外です）。

労災保険法第12条の8　第2項｜療養の給付

業務災害・通勤災害により、労災病院・労災保険指定医療機関等での治療を必要とする場合には、治るまでに必要な療養の給付（治療、薬などの現物給付）をしてもらえます。

　また、療養の給付が難しい場合、または療養の給付を受け付けないことについて働く人に相当の理由がある場合には、療養の費用を支給（現金支給）することができます。

労災保険法第14条｜休業補償

業務災害・通勤災害による療養のために働くことができず、賃金を受けられないときには、休業の4日目から休業の続く期間の補償手当が給付されます。

健康保険法第99条｜傷病手当金

被保険者が療養のために仕事ができないときは、その日以降3日を経過した日から仕事ができない期間の傷病手当金を支払います。

判例

病気休職後の復職の可能性を高めた裁判

　建築工事現場で21年以上現場監督をしてきた男性が、バセドウ病にかかり、会社の指示によって4ヵ月間休みました。その間、賃金は支払われませんでした。男性は、「事務作業ならできます」という主治医の診断書を提出しましたが、会社は自宅待機命令を続けました。このことから、男性は欠勤扱い期間中の賃金を請求して提訴。裁判所は、本人が復職を希望し、かつ事務作業に配置転換する可能性があったとして、賃金請求権を認めました。

→片山組事件／最高裁小判決　平10・4・9

Point　私傷病休職後の復職に必要な仕事の軽減

労災の認定が受けられない私傷病で長期の療養のため休業する場合、多くの会社の就業規則では、一定の期間を休職とし、その期間で治癒すれば復職でき、完治しなければ自然退職か解雇になるとされています。しかし、仕事の軽減や配置転換をすることで仕事を続けられる可能性も出てきました。

労災保険で受けられる補償は？

業務災害、通勤災害によるケガや病気に対して、労災保険では下記の給付が行われます。給付には、労災給付の請求書と関係書類の提出が必要です。

療養（補償）給付

労災病院や労災保険指定医療機関で診察・薬剤・治療材料、処置・手術、居宅介護、入院・看護等の治療に関わる現物または費用の給付。

休業（補償）給付

1日につき給付基礎日額（平均賃金相当額）の60％の支給がされます。最初の3日間は待機期間となり、支給対象ではありません。

障害（補償）給付

傷病が治癒（症状固定）して障害等級1〜7級までに該当する身体障害が残ったときに支給される年金、または一時金。

遺族（補償）給付

労災によって働く人が死亡した場合に、その収入で生計を維持していた配偶者、子等に支給される年金または一時金。

葬祭料（葬祭給付）

働く人が死亡したときの葬儀費用。

傷病（補償）年金

療養開始後1年6ヵ月経っても傷病が治癒しないで、傷病等級が1〜3級の全部労働不能の程度に至っている場合に支給される年金。

介護（補償）給付

労災によって残った後遺障害で、随時介護が必要な場合の介護費用。

弁護士からひと言 ❹

会社を相手に争う過労死問題。
労災認定のための注意点

過労死の労災認定は、直接的には遺族と労基署との労災認定をめぐる争いとなります。問題となるのは、過労死等をした従業員の勤務状態、「過重負荷」の有無であり、会社に対して遺族と労基署の双方から当時の勤務状態の証拠調べに協力が求められることになります。特に、遺族側から勤務状況報告書などに関する証明の依頼を受けることになる会社は、安全配慮義務違反の賠償請求の多発化の流れの中で、従前以上に慎重な対応を取るようになっています。

多くの企業は、上記の証明依頼に対して単に防御的に対応するだけでなく、損害賠償請求への危機管理（自己防衛）として、過労死等に対応した災害補償規定等の整備や、その補償原資確保のための損保や生保加入をしています。そこで、被災従業員や遺族は、過労死に際して会社がこのような保険加入等の対応をしているか否か確認をした上で、損害賠償請求について状況に応じて柔軟に対応し、早期の示談による解決を図ることも検討されるべきでしょう。

CHAPTER 5

家庭との両立

育児、介護と仕事を
両立するには？

解雇

育児休暇・介護休暇

時短勤務

etc.

働く人が、育児や介護と仕事を両立できるようにサポートする法律が育児・介護休業法です

　働く人は、家族の中で暮らしを支えながら仕事をしています。しかし、妊娠や出産、育児、介護といった家族の事情と両立できなければ、仕事を続けることができません。そこで、「仕事と生活の調和（ワーク・ライフ・バランス）」を支えるための法律が定められています。

　「労働基準法」では、出産を予定している女性を原則、産前6週間、産後8週間休ませるための決まりを作っています。ただし、産後6週間経過して、本人が希望し、医師が認めた場合は仕事に就くことができます。また、「男女雇用機会均等法」では、妊産婦健診などを受けられるような時間を確保するようにと定めています。

　子どもが生まれてからサポートするのは、「育児・介護休業法」です。「育児・介護休業法」は、家庭で育児と介護をしながら仕事も無理なく両立できるようにするための法律です。育児休業とは、子どもが生後1年になるまで（一定の場合には最長2歳まで）の間に子どもの世話をするために取得できる休みのことです。取得するには会社に申請をしますが、会社の規定がなくても育児休業は取ることができます。

　「育児・介護休業法」では、働く人が要介護状態にある家族を介護するために、会社に申請して取れる休みについても定めています。対象になる家族には、一定の基準を満たす必要があります。介護休業は、対象家族1人につき、通算93日を合計3回に分けて取ることができます。会社は、対象となる働く人からの育児休業や介護休業の申し出を受け入れなければなりません。

　なお、育児休業と介護休業のどちらも、男女ともに取ることができます。

仕事がハードで体調を崩し、早めに産休を取りたいです

産前産後の女性に無理な仕事は禁物。安心して出産できるよう会社は配慮しないといけません

会社には、妊娠中の働く女性に配慮する義務がある

　産前の休みは出産の6週間前から取得できるとされていますが、医師からの指導により6週間前よりも早く休むことを希望する場合には、その旨を会社に伝えましょう。業務上の都合など、必ずしも休めるとは限りませんが、男女雇用機会均等法第13条では、産前産後の女性の勤務時間の変更や勤務軽減など、会社に対して必要な対応をするよう定めています。

あなたを守ってくれる法律

労働基準法第65条|

産前産後休業・妊産婦への業務軽減措置義務

・産前休業……会社は、6週間以内（双子以上は14週間）に出産予定の女性が休業を申請した場合には、その女性を働かせてはいけません。また、出産予定日の6週間前までなら、妊娠中の女性が希望すれば、他の軽い仕事に換えてもらうことができます。

・産後休業……産後8週間を経過しない女性を働かせてはいけません。ただし、産後6週間を過ぎた女性が希望し医師が支障なしと認めた場合には働かせてもかまいません。

男女雇用機会均等法第12条、第13条|

妊娠中及び出産後の健康管理に関する措置

会社は、働く女性が母子健康法に定められた保健指導や健康診査を受けるために必要な時間を取れるように、勤務時間の変更や仕事の軽減などをしなければなりません。

Point　非正規雇用でも産前産後休業は取得できる

労働基準法第65条で定められている産前産後休業は、正社員だけでなく、契約社員やアルバイト・パートタイマー等の有期契約労働者の人にも適用されます。

また、育児休業についても、1年以上勤務して子どもが1歳6ヵ月になる日の前日までに契約が満了しないなどの条件をクリアすれば、非正規雇用の人でも取得できます。

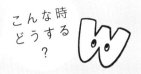

こんな時どうする？

外回りの営業をしていますが、
妊娠中のため体への負担を感じています。
社内で事務などの業務に
換えてもらうことはできるのでしょうか？

　妊娠中の女性の業務に関しての配置転換については、労働基準法第65条に「妊娠中の女性が請求した場合には、事業主は他の軽易な業務に転換させなければならない」と定められており、会社には対応することが求められています。

　さらに、男女雇用機会均等法第13条にも、「妊娠中、または出産後の女性労働者が、母子保健法の規定による保健指導や健康診査に基づいて医師等から何らかの指導を受けた場合に、その指導事項を守ることができるようにするための措置を講じることは事業主の義務」と定めています。このような申請があった場合には、会社は医師から指導された期間、休業させなければなりません。医師からの指導事項を会社に伝えるときには、『母性健康管理指導事項連絡カード』を利用しましょう。

妊娠中のため感染症への感染リスクが心配で
仕事を休みたいのですが、
会社から「欠勤したら解雇する」と言われました。

　会社には、妊娠中の働く女性に配慮する義務があります。新型コロナウイルスの感染への不安に対しては、妊娠中の女性が休みやすい環境を整えるため、テレワークや時差通勤の活用を推進しています[1]。もし欠勤する場合には、主治医から『母性健康管理指導事項連絡カード』に「感染リスクのために出勤を避けるべき」という記載をもらい、会社に提示し、「感染リスクがあるので、やむを得ず休みます」と会社に伝えます。メールなどで日時と内容を残しておくことが大切です。

　こういった手続きをした上で休んだ働く女性に対し、会社が解雇など不利益な扱いをすることは法律によって禁止されています[2]。もし、不利益な扱いをされた場合には、全国の都道府県労働局雇用環境・均等部（室）に申し出ましょう。

[1]：「職場における新型コロナウイルス感染症の拡大防止に向けた妊娠中の女性労働者等への配慮について」（厚生労働省健康局長等、令和2年4月1日付）
[2]：　男女雇用機会均等法第9条3項　婚姻、妊娠、出産等を理由とする不利益取扱いの禁止等、育児・介護休業法第10条　不利益取扱いの禁止

育児休業制度がない会社でも、産休明けに休めますか？

もう産休明けちゃうけど…
もう少しやすめないかなぁ

"育児休業法"
があるから
大丈夫だよ！

働く人から育児休業の申し出があったのなら、会社は拒むことはできません

育児休業は子どもが1歳になるまで取れる

　子どもが生後1年になるまでの間に、法律によって取ることができる休みが育児休業です。「子ども」とは、養子も含めます。法律では、1歳未満の子育てをしている人（男女問わず）から育児休業の申請があった場合、その申し出を断ることはできないと定められています。会社に育児休業制度がない場合には「辞めるしかない」とあきらめずに、上司に相談してみましょう。

あなたを守ってくれる法律

育児・介護休業法第5条｜育児休業の申出

働く人は1歳未満の子を育てるために、会社に育児休業を申し出ることができます。

育児・介護休業法第6条｜
育児休業申出があった場合の事業主の義務等

会社は、要件を満たし育児休業申請をした働く人からの申し出を拒むことはできません。

育児・介護休業法第10条｜不利益な取扱いの禁止

会社は、働く人が育児休業の申し出をしたことで解雇したり、不利益な扱いをしたりしてはいけません。

雇用保険法第61条の7｜育児休業給付金

育児休業開始前2年間で、通常勤務を12ヵ月以上していれば、雇用保険から育児休業給付金が支払われます。

Point　育児期間中には「育児休業給付金」

育児休業中は無給の可能性があります。賃金が支払われない、または一定額以上減らされた場合は、雇用保険から休業開始時賃金の67％（休業開始から6ヵ月経過後は50％）に相当する「育児休業給付金」が支給されます。最寄りのハローワークに相談しましょう。

育児休業が取れるのはどれくらいの期間？

　育児休業は、原則として子どもの1歳の誕生日の前日までの間で、「働く人が申し出た休みたい日から復帰したい日」まで取ることができます。パパとママがともに育児休業を取る場合は、2ヵ月プラスされて、子どもが1歳2ヵ月になるまで延長されます。また、保育所に入所を希望しているが、子が1歳を超えても入所できない場合などで休業が必要と認められる場合、最長で2歳に達するまで育児休業を取得できます。会社の規定に育児休業がなくても、希望したら会社は断ることはできません。ただし、以下の人は育児休業を取ることができません。

1. 日々雇用される人や、期間雇用の人 [1]

2. 勤続1年未満の人（労働組合または働く人の過半数の代表者との労使協定による）

3. 1年以内に雇用が終了予定の人

4. 週の労働日数が2日以内の人

[1]：　有期雇用の人でも、申出時点において、次のa、bのいずれにも該当する場合は育児休業対象者となります。

a　同一の事業主に引き続き雇用された期間が1年以上であること

b　子が1歳6ヵ月に達する日までに、その労働契約（労働契約が更新される場合にあっては、更新後のもの）が満了することが明らかでないこと

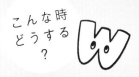

保育園の空きがなくて入れず、
育児休業の期間が終わってしまい
退職させられそうです。

　保育園に入れない待機児童が問題となっています。そのために働く女性が会社を辞めざるを得ないケースもあります。育児休業中に子どもが保育園などに入れない場合には、会社に申し出て、育児休業期間を最長2歳まで再延長してもらいましょう[1]。同時に、育児休業給付金の給付期間も2歳まで延長することができます。さらに、働く人が未就学の子どもを育てやすいように、育児に関する目的で休暇を取りやすくできる制度を設ける努力義務が会社には求められています。

　また、会社は、働く女性が妊娠や出産をしたことがわかったら、働く女性や夫に対し個別に育児休業などに関する制度を知らせるように努めなければなりません[2]。

[1]：育児・介護休業法　第5条　育児休業の申出
[2]：育児・介護休業法　第21条　育児休業等に関する定めの周知等の措置

子どもが病気で休もうにも、有給が残っておらず休めません

具合が悪いの？

有給もうないけど…
今から預けられないし…
どうしよう

子育てをしながら働き続けることができるようにするために、子どもの看護休暇制度があります

看護休暇が取れるように努力する義務がある

　子どものケガや病気で仕事を休まないといけないとき、就学前の子どもが1人であれば年5日、2人以上なら年10日まで看護休暇を取得できる法律があります。就業規則になくても取得でき、会社は業務の繁忙等を理由に、看護休暇の申し出を拒むことはできません。半日単位の取得もでき、2021年（令和3年）1月1日以降は時間単位でも取れます。ただし、賃金は保障されていません。

あなたを守ってくれる法律

育児・介護休業法第16条の2｜子の看護休暇の申出

小学校に上がるまでの子どもを育てる働く人は、ケガや病気が生じた子どもの世話をするために、1年のうち5日まで（子どもが2人以上の場合は、10日まで）の看護休暇を取ることができます。

育児・介護休業法第24条｜子育ての支援

3歳未満の子どもを育てていて、育児休業を取っていない働く人には、会社は仕事をしながら子育てができるように努めなければなりません。（小学校就学の始期に達するまでの子を養育する労働者等に関する措置）

育児・介護休業法第25条｜子育ての支援

会社は働く人の育児休業などの相談に応じて、必要な体制を整備するなど仕事の環境を整えなければなりません。（職場における育児休業等に関する言動に起因する問題に関する雇用管理上の措置）

Point 「子の看護休暇」を取得できるのは？

原則として、小学校就学前までの子を育てている働く人（男女を問わず）。ただし、日々雇い入れられる働く人は対象外になります。また、「勤続6ヵ月未満の人、週の所定労働日数が2日以下の人は、子の看護休暇を取得できない」と労使協定に定められていると対象外になり、会社に申し出を拒まれたときには休暇を取得できなくなります。

有給休暇を使わなくてもいいように定められた
「子の看護休暇制度」

　法律では、働きながら子育てをする人のために定められている「子の看護休暇制度」を、有給休暇とは別に与えなくてはいけないとしています。会社にはあらかじめ制度が導入され、就業規則などに記載されるべきものであることに留意するよう義務づけています（子の養育または家族の介護を行い、または行うこととなる労働者の職業生活と家庭生活との両立が図られるようにするために事業主が講ずべき措置に関する指針第2の2）。

　休暇を取得するには、休暇を取得する日や理由等を明らかにして、事業主に申し出る必要があります。子どもが急に熱を出したなど、「子の看護休暇制度」の利用は緊急を要することが多いことから、会社には当日の電話等の口頭の申し出でも取得を認め、書面の提出等を求める場合は事後となっても差し支えないこととするよう求められています。また、申し出に必要な子どもの負傷または疾病の事実を証明する書類としては、医師の診断書などのほか、購入した薬の領収書により確認する等柔軟な取扱いをすることが、会社に求められています。

　ケガや病気の看護だけでなく、「疾病の予防を図るために必要な世話」として、子どもに予防接種、または健康診断を受けさせることも申請理由として認められています。

**共働きの核家族です。子どもが病気になり、
病院に連れていくために看護休暇を取ったところ、
同僚から「子どもが熱を出したからといって
休まれるのは困る。おばあちゃんに面倒を
見てもらったら？」と言われてつらくなりました。**

　法律で定められた看護休暇制度を利用することへの非難は、マタハ
ラといえるでしょう。また、「おばあちゃんに面倒を見てもらえ」とい
うのは、「子どもができたら家庭に入るべき」という自分の価値観を押
し付けている、マタハラの典型的なパターンの一つです。

　同僚がこのような発言をする背景には、結婚していることや、出産、
子育てをしていることへの嫉妬が原因となっていることがあります。
上司や組合、都道府県労働局の雇用環境・均等部（室）にこのようなこ
とがあったことを伝え、職場環境を改善してもらうように相談するこ
とをおすすめします。

介護のために出社がままならず、会社を辞めようかと悩んでいます

気にしないで

どうしよう

また仕事休ませてしまってすまんなぁ

仕事を続けながら介護できる介護休業制度などを利用しましょう

働き盛りの介護離職を防ぐための決まり

　団塊世代が70代に突入し、今後、お年寄りはますます増えていくと予想されます。介護は、骨折や病気などにより突然始まることが多いもの。また、介護の内容や期間も人によってまちまちです。そのため、働き盛りの人たちが仕事を辞めざるを得ない介護離職が問題となっています。仕事と介護の両立ができるように「育児・介護休業法」などがサポートしています。

あなたを守ってくれる法律

育児・介護休業法第2条2号｜定義
介護休業とは、働く人が要介護状態にある家族を介護するためにする休業です。

育児・介護休業法第11条｜介護休業の申出
働く人は、会社に申し出ることで介護休業を取ることができます。

育児・介護休業法第15条1項｜介護休業期間
介護休業の期間は3ヵ月（93日）までとします。

育児・介護休業法第16条｜不利益取扱いの禁止（準用）
会社は働く人が介護休業をしたことを理由に、解雇や不利益な扱いをしてはなりません（第10条の育児休業のための規定をあてはめます）。

雇用保険法第61条の4｜介護休業給付金
被保険者へは、賃金の67％相当の介護休業給付金が支給されます。

介護休業が認められる家族

　介護休業は、男女ともに取ることができます。かなり広い範囲までの家族が対象となります。

介護休業が認められる家族

　祖父母（同居し、扶養している）、父・母、きょうだい、配偶者（事実婚を含む）、子ども、孫

要介護状態とは？

　介護保険制度の要介護2以上。また、介護保険制度の要介護認定を受けていない場合は、2週間以上の期間にわたり介護が必要な状態であること。

介護休暇と介護休業の違いは？

・介護休暇

　病院の付き添いや介護サービスに必要な手続きを行うために、1年のうち5日（対象家族が2人以上の場合は年10日）まで、1日または半日単位で取れる。2021年（令和3年）3月1日以降は時間単位でも取れる。ただし、賃金は保障されていない。

・介護休業

　要介護状態にある対象家族1人につき通算93日まで、分割して3回まで取ることができる。有期雇用契約者も、条件を満たせば取れる。

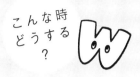

母ががんで余命いくばくもないと
医師から言われました。
最期のときにそばにいてあげたいのですが、
そのような理由でも会社を休めるでしょうか。

　このケースでは、働く女性は、母ががんで入院している間、仕事を続けながら病院通いをしていました。しかし、主治医から余命を告げられたため、その日のうちに上司に相談をし、翌日から介護休業に入りました[1]。

　事情を理解した上司が快諾したことと、会社の事務室の対応が素早かったために実現できたのです。介護休業は母が亡くなるまでの2週間となりましたが、思い切って休んだことで、24時間母のそばで過ごせたといいます。

　入院が長くなりそうなときには、まず病院の相談室に行きましょう。相談室では、介護休業をはじめさまざまな制度を紹介してくれます。必要があれば、関連の医療や介護の専門職が連携して手続きや対応を行って支援します。

[1]： 育児・介護休業法　第11条　介護休業の申出

介護をするために
残業を減らしてもらえますか？

介護や子育てをしている人は
会社に残業の免除を
してもらえます

「家族的責任を有する人」は、残業や深夜労働を免除される

　家族の介護をしている人や幼い子どもを育てている人は、その
ための時間を取らなければ家庭と仕事の両立ができません。そこ
で「育児・介護休業法」によって「家族的責任を有する働く人」は、
一定時間以上の残業や深夜勤務を会社から免除してもらえます。
「家族的責任を有する働く人」は、小学校就学前の子どもを育てる
人と要介護状態にある家族を介護している人を指します。

あなたを守ってくれる法律

労働基準法附則第133条｜所定時間外労働の制限

子どもの養育や家族の介護をする働く人は、会社に申し出れば時間外労働を1年につき150時間以内にしてもらえます。

育児・介護休業法第16条の7〜第16条の10｜
所定外労働の制限

3歳未満の子どもを育てている人や家族の介護をしている人が残業できない旨を申し出た場合に、所定労働時間を延長してはいけません。また、働く人が延長して働かなかったことを理由に、解雇や不利益な扱いをしてはなりません。

育児・介護休業法第19条、第20条の1と2｜深夜業の制限

就学前の子どもを育てている、家族の介護をしている人が深夜（午後10時から午前5時まで）の労働ができない旨を申し出た場合に、会社は働かせてはいけません。また、深夜労働をしなかったことを理由に、解雇や不利益な扱いをしてはなりません。

育児・介護休業法第23条の1と2｜所定労働時間の短縮措置

会社は3歳未満の子どもを育てる親で育児休業をしていない人には原則、所定労働時間の短縮の措置をしなければなりません。また、家族の介護をしている人に対しては始業時刻の繰り下げ等の選択的措置を講じなければなりません。会社はこれらの措置をしたことを理由に解雇や不利益な扱いをしてはなりません。

所定時間外労働の制限や深夜労働の免除を
請求できない人もいる

　3歳に満たない子どもを育てている働く人や要介護状態の家族を介護している人は、所定労働時間以上の残業の制限や一定時間以上の残業や深夜勤務（午後10時から午前5時まで）の免除を会社に求めることができます。正規雇用者のほか、パートタイマー、契約社員など、非正規雇用者の男女すべてを含みます。ただし、働き方によっては免除を求めることができない人もいます。

所定労働時間の制限を請求できない人

1. 勤続1年未満の人
2. 例えば1週間の労働日数が2日以下など、免除を求めるための正当な理由がない人

深夜労働の免除が請求できない人

1. 勤続1年未満の人
2. 深夜において常に配偶者等の同居の家族が子どもの世話や介護のできる状態である人（ただし、16歳未満者や深夜就業者は除く）
3. 例えば1週間の労働日数が2日以下など、免除を求めるための正当な理由がない人

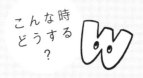
こんな時どうする？

**要介護の家族がいるので時短労働に
換えてほしいと上司に相談したところ、
「この会社に短時間勤務の例はない。
定時まで働くように」と言われました。**

　育児・介護休業法では、要介護状態にある家族を介護しながら働く
人が、働きながら無理なく介護ができるように、会社は所定労働時間
の短縮等の措置を講じなければならないとしています[1]。会社に前例
がない場合には、短時間勤務制度を就業規則に規定するなどの制度化
が望まれます。

　介護のための勤務時間の短縮等の措置については、短時間勤務制度
のほかに、フレックスタイム制や始業・終業時刻の繰り下げ・繰り上
げなどの中から会社によって選択されます。対象家族1人につき介護
休業とは別に、利用開始から3年間で2回以上できるようにすること
が、会社には義務づけられています。

　国は「育児・介護休業法」に関する指針を改正し、介護休業の申し出
や取得したことを理由にした不利益な扱いをしてはならないとしてい
ます。

[1]：　育児・介護休業法第23条。短時間勤務制度は、「日々雇い入れられる労働
者」「雇用期間が1年未満の労働者」「1週間の所定労働日数が2日以下の労働者」は
対象になりません。

弁護士からひと言 ❺

正規雇用ではない人が駆け込む
個人で加盟する労働組合「ユニオン」

昨今の働く人が置かれている厳しい状況の中で、特に中小企業で働いている人や非正規雇用の人たちを救済するとして注目を集めているのが、個人加盟型労働組合「ユニオン」です。

ユニオンは、会社に労働組合があるけれど実質的には機能していない、非正規雇用のために働き先の会社の組合員になる資格が与えられていない、こうした人たちが職場での不利益な扱いを改善しようとするときに、共に交渉を進めてくれる強い味方として認知されているようです。

しかし、安易に助けを求める前に、ユニオンについてよく調べることをおすすめします。すべてがそうではありませんが、法外な成功報酬を取られる場合がありますので注意してください。また、ユニオンは慈善事業として運営しているわけではないので、加盟費が必要になりますし、他の組合員を救うための活動への参加を求められることも。自分にとって本当に必要なのかを、じっくり検討することが大切です。

CHAPTER 6

非正規雇用

待遇格差だと
あきらめないために

有給休暇

同一労働同一賃金

雇止め

再雇用

etc.

派遣社員やアルバイト、パートタイムで働く人も正社員と同じように法律の保護を受けられます

　生活スタイルの変化に伴い、さまざまな自分に合った働き方を選べるようになりました。ところが、困ったことがあると、非正規雇用の人（正社員でない働く人）は「正社員ではないから仕方がない」とあきらめがちです。しかしながら、労働基準法第9条に「この法律で『労働者』とは、職業の種類を問わず、事業又は事務

所に使用される者で、賃金を支払われる者をいう」と定められて
いることから、非正規雇用の人たちもすべて正社員と同じように、
法律の保護を受けることができます。自分がさまざまな働き方を
選ぶとき、それがどんな立場であって、どのような法律に守られ
ているかを知っておくことは、自分を守るために大切です。

　では、正社員と非正規雇用は、どのような働く人なのでしょう
か。正社員とは、「特に雇用期間を決めていない働く人」を指しま
す。これに対し、ほとんどの場合、雇用期間に定めがある非正規
雇用の人には、以下のような種類があります。

1.　**契約社員**……多くの場合、1年単位の基幹的部門に準ずる
　　職種で雇用期間のある人。

2.　**臨時的雇用者**……臨時あるいは日々雇用で、1〜3ヵ月以内
　　の雇用期間の人。

3.　**パートタイマー**……原則は、1週間の所定労働時間が同一
　　の事業所に雇用される正社員の1週間の所定労働時間に比
　　べて短い労働者のことを指します。

4.　**出向社員**……他の企業から出向契約に基づいて在籍する人。
　　転勤を伴う場合もあります。

5.　**派遣労働者**……派遣元企業から派遣されている人。

6.　**下請従業者**……他社から来ている人。フリーランスも含む。

　ほかに、中途退職後や定年退職後に再雇用された「嘱託社員」も
いて、「パートタイム・有期雇用労働法」「労働者派遣法」「下請代
金支払遅延等防止法」などによって守られています。

アルバイトですが、有給休暇は取れますか？

有給
ください

有給〜？

一定の条件を満たせば、アルバイトでも有給休暇を取得できます

非正規雇用でも有給休暇を与えなければいけない

　有給休暇（正式には年次有給休暇といいます）は、アルバイトやパートタイマー、契約社員など非正規雇用の人でも取得できることが法律で定められています。ただし、勤め始めて6ヵ月間経過していること、その期間中に定められた出勤日の8割以上勤務していることが前提となります。有給休暇の日数は勤めた期間・出勤日数により変わります。

あなたを守ってくれる法律

労働基準法第39条｜年次有給休暇

会社は、雇った日から数えて6ヵ月間継続して勤務し、全労働日の8割以上出勤した働く人に対して、まとめてか、あるいは分けて「10労働日」の有給休暇を与えなければなりません。

育児・介護休業法第5条1項｜育児休業の申出

雇用契約に期間の定めがある働く人は、育児休業申請時点で過去1年以上継続して雇用されていて、子どもが1歳6ヵ月になるまでの間に雇用契約がなくなると決まっていない場合、育児休業の権利が認められます。育児休業給付が別途支給されます。

育児・介護休業法第11条｜介護休業の申出

雇用契約に期間の定めがある働く人については、申請した時点で過去1年以上継続して雇用されていること、介護休業を取得する日から9ヵ月経過する日までの間に雇用契約がなくなることが明らかでないこと、これらの要件を満たす場合に限って介護休業の権利が認められます（ただし、事業主が休業の申し出を拒める場合があります）。介護休業給付が別途支給されます。

アルバイト・パートタイマーの権利

アルバイトやパートタイマーなど正社員以外の人も、労働基準法第
9条によって正社員と同じように守られています。前ページで見た有
給休暇取得のほかに、どのようなものがあるか見ていきましょう。

会社による労働条件の明示

雇用したとき、会社は勤務日、休暇の条件や日数、時給や残業した
ときの扱いなどを明示しなければなりません。(労働基準法第15条
労働条件の明示)

正社員との不合理な待遇差、差別的な取扱いを禁止

会社内で基本給や賞与などあらゆることで不合理な待遇の違いや差
別があってはいけません。会社は、働く人から求められたら正社員と
の待遇差の内容や理由を説明しなければならず、その際にその働く人
に対して解雇や不利益な扱いをしてはなりません。(パート有期法第8
条　不合理な待遇の禁止、第9条　通常の労働者と同視すべき短時
間・有期雇用労働者に対する差別的取扱いの禁止、第14条2項と3項
事業主が講ずる措置の内容等の説明)

正社員と同率の残業代もつく

会社は勤務時間が8時間に達するまでは働く人の時給で計算し、も
しそれを超えたら2.5割増しで支払う必要があります。この割増に非

正規雇用と正社員との間で差を付けるのは違法です。（パート有期法第8条　不合理な待遇の禁止、第9条　通常の労働者と同視すべき短時間・有期雇用労働者に対する差別的取扱いの禁止、労働基準法第37条1項　時間外、休日及び深夜の割増賃金）

就業規則も適用される

　パートタイマーにも労働基準法が適用されますから、当然、就業規則も設けなければなりません。パートタイマーのみの就業規則を作る場合には、会社はパートタイマーの代表者に意見を聞く努力をしなければなりません。（パート有期法第7条　就業規則作成の手続き）

労働組合への加入

　個人で加盟できる組合に加入することもできますし、パートタイマーだけの組合を作ることもできます。実際にはあまり見かけませんが、会社の中で正社員と同じ組合にパートタイマーが加入しているケースもあります。（労働組合法第1条　目的、第3条　労働者）

健康保険、厚生年金保険への加入

　加入するには、常勤のような仕事をしていることが条件となります。もし、パートタイマーであっても正社員とほとんど同じように長時間働いているのなら、加入できるでしょう。ちなみに、健康保険と厚生年金保険は、5人以上の従業員が働いている個人事業所と、1人でも常に従業員がいる会社などの法人は加入しなければなりません。（健康保険法第13条　設立、厚生年金保険法第12条　適用除外）

職場から
「経営が苦しいから更新は
しない」と言われました

会社は自由に労働契約の
更新拒絶はできません

合理的な理由がなければ、契約は打ち切られない

　パートタイマーやアルバイト、契約・嘱託社員などに対して、次の契約の更新をせずに雇用を打ち切ることを「雇止め」といいます。契約期間が終了しても、更新回数が多数に及ぶ場合などには、会社は合理的な理由がなければ雇止めはできません。なお原則として期間途中での会社からの一方的な解雇は、通常の解雇以上に厳格に制限され、やむを得ない事由がない限りできません。

あなたを守ってくれる法律

労働契約法第17条1項｜契約期間中の解雇等

約束した契約期間の途中での解雇には、やむを得ない事情が必要とされます。

労働契約法第19条｜有期労働契約の更新等

何度も契約を更新していたり、契約期間が終わっても更新されると思われたりする人に対しては、合理的で常識的な理由がなければ、会社は自由に雇止めすることはできません（「雇止め法理」）。

民法第629条1項｜雇用の更新の推定等

雇用契約期間が終了しても引き続き働いていて、会社が何も言わない場合は、それまでの雇用と同じ条件で契約が更新されているものとみなします。

民法第628条｜やむを得ない事由による雇用の解除

働く人が雇用の期間を定めた場合、やむを得ない事由があるときに限り契約の解除をすることができます。この場合、相手方に対して損害賠償の責任を負うこともあるので注意しましょう。

判例

長期雇用に至った場合、簡単に雇止めはできない

　5回から23回にわたって何度も更新されて長期雇用となった人を、会社が雇止めしました。しかし、契約を反復して更新したことで、正規雇用と実質的に変わらない状態になっており、雇止めは実質的な「解雇」と考えられました。この場合、余剰人員の発生など、客観的に合理的な事情がなければ雇止めはできないとされました。

→ 東芝柳町工場事件／最高裁小判決　昭49・7・22

Point　中途解約(解雇)は、本当にやむを得ないときだけのもの

期間を決めて労働契約したときには、期間満了により契約も終わります。満了時に契約更新しないのが雇止めですが、わざわざ期間を決めたことを考えると、契約期間の途中での解雇は、やむを得ない場合にしかできません。

また3回以上更新したか、1年以上引き続き働いていた人を契約満了時に更新しない場合は、会社は少なくとも30日前には伝えなければなりません。そのとき、働く人が「なぜ更新しないのか」と尋ねたら、会社はその理由を書面で明らかにすることが義務づけられています。なお、働く人が中途解約をする場合にもやむを得ない理由が必要で、これがない場合、損害賠償を求められる場合もあることに注意しましょう。

(有期労働契約の締結、更新及び雇止めに関する基準第2条雇止めの予告、第3条雇止めの理由の明示)

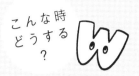

契約社員として4年間契約の更新を
繰り返して働いていましたが、
会社からコロナ禍を理由として雇止めされました。

　何度も契約を更新するなど、働く人の契約が更新されるのが当然と認められる場合は、解雇と同じで客観的に合理的で常識的な理由が必要で、会社が自由に雇止めすることはできません[1]。特に5年以上労働契約を繰り返し更新している人が、契約期間中に無期雇用を申し出たなら、会社はその申し込みを承諾したものとみなされますから、期間満了になる前に早めに会社に申し出るようにしましょう[2]。

　一方、契約期間の途中で打ち切られた場合は、雇止めではなく解雇です。この場合の解雇は、正社員の解雇と比較してもより厳格にやむを得ない事情が必要とされています[3]。もう少し詳しく言うと「期間の定めがある」のは、「その期間は原則として雇用を保証する」ことを意味するからです。契約期間満了を待たずに契約を終了するには、よほど特別で重大な理由が必要とされるのです。「コロナ禍の影響で会社の経営が厳しくなった」「仕事が減ってしまった」という理由だけでは期間中の解雇は認められません。

[1]： 労働契約法第19条　[2]： 労働契約法第18条　[3]： 労働契約法第17条1項

無期転換ルールを申し込んだら、「うちはできない」と言われました

申し込み条件を満たした人が無期転換を申請した場合、会社はこれを拒否できません

雇止めの不安を解消する「無期転換ルール」

　アルバイトやパートタイマー、契約社員など、会社と期限を決めて働いている人（有期契約労働者）の契約期間を無期として、雇止めなどの不安から守るために作られた法律が「無期転換ルール」です。契約期間が通算5年を超える契約期間の初日から満了までの間に申し込みでき、働く人が申し込んだところで期間満了日の翌日以降の無期労働契約が成立します。

あなたを守ってくれる法律

労働契約法第18条｜期間の定めのない労働契約への転換

5年を超えて労働契約を繰り返している働く人が契約期間中に無期雇用（期間の定めのない労働契約）への転換を申し出たなら、会社はその申し込みを承諾したものとみなします（「無期転換ルール」）。会社は断ることができません。

Point　無期転換ルールの申し込みは書面で

申し込みは口頭でも法律上有効ですが、書面で記録を残しておくと何かトラブルがあった場合でも安心です。会社に所定の様式がないかを確認し、ない場合には「無期労働契約転換申込書」として、「私は、現在の有期労働契約の契約期間の末日までに通算契約期間が5年を超えますので、労働契約法第18条第1項に基づき、期間の定めのない労働契約（無期労働契約）への転換を申し込みます」との文言と宛名（提出先名）、自分の氏名と申し込み年月日を明記して申請しましょう。

Point　無期転換申込権について留意すべき点

通算契約期間が5年を超えた時点で発生する訳ではないことです。例えば、2年の有期契約を締結する場合は、3回目の契約を締結すれば、その途中で5年を超えることとなるため、実際の労働契約期間が5年を経過する前に無期転換申込権は既に発生することになります。

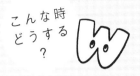

会社に無期転換の希望を却下され、
それについて抗議したところ、
会社の方針に従えないのならば
契約の更新はせず、解雇すると言われました。

173ページで述べたように、会社は無期転換を拒否することはできません。会社が無期転換を認めず、現在締結している有期労働契約の満了をもって契約更新をせず雇止めしようとしても、その雇止めは、働く人が無期転換申込権を行使することで成立した無期労働契約を解約し、解雇することとして処理されます。この場合は、通常の雇止め以上に高度に客観的に合理的な理由があり社会通念上相当であると認められなければ、会社側の権利濫用に該当するものとして無効となります[1]。

もし、有期契約期間中に、働く人が無期転換への希望を伝えたことで契約期間を残したまま解雇された場合は、会社にやむを得ない事由がない限り認められず、無効と判断される可能性が高いでしょう[2]。

[1]： 労働契約法第16条　[2]： 労働契約法第17条

無期転換ルールの対象になるのは？

　有期契約労働者とは、1年や6ヵ月単位の期限付きで労働契約を結ぶ、または更新していて、一般に「契約社員」「パートタイマー」「アルバイト」などと呼ばれる人のことです。このほかに、会社が独自に位置づけている雇用形態（例えば、準社員、パートナー社員、メイト社員など）も、契約期間に定めのある場合は名称にかかわらず、すべて「無期転換ルール」の対象となります。「派遣社員」の場合は、派遣元である会社が無期転換ルールへの対応をすることになります。

無期転換＝「正社員になれる」ではない

　契約期間が有期から無期に転換されたとしても、正社員になれる訳ではありません。無期転換後の雇用区分については会社によって制度が異なり、給与や待遇等の労働条件は、有期労働契約時の条件をそのまま継承するケースが多いようです。労働協約や就業規則、個々の労働契約でどのように定めているのかをチェックしましょう。

有期か無期かは働く人が選択。　自ら申し込まなければ変わらない

　同一の会社との間で、有期労働契約が通算で5年を超える契約を締結した場合は、有期契約労働者として働いている人の申し込みにより、期日満了日の翌日から、無期労働契約に転換します。もし、無期転換申込権が発生しているのに働く人からの無期転換の申し込みがなければ、有期労働契約のまま引き続き仕事をすることになります。

「同一労働同一賃金」でも、
正社員との格差を感じます

「同一労働同一賃金」は、
不合理な待遇の差をなくす
ためのガイドラインです

労働条件、賃金など待遇の格差を解決する法律がある

　アルバイトやパートタイマー、契約・派遣社員など、非正規雇用の人と通常雇用である正社員の人との間の格差をなくす「同一労働同一賃金」を実現するため、「労働契約法」「パート有期法」「労働者派遣法」といった法律が改正されています。ただし、単純に非正規雇用と正社員を同等に扱うというものではありません。不合理な待遇と法が解釈している事柄について理解しましょう。

あなたを守ってくれる法律

労働契約法第20条｜不合理な労働条件の禁止（中小企業につき2021年3月31日まで適用されます）

同一の会社と労働契約を締結している、非正規雇用の人と正社員との間で、期間の定めがあることにより不合理に労働条件を相違させることを禁止します。

労働者派遣法第30条の3　1項｜不合理な待遇の禁止等

派遣元は、雇用する派遣で働く人の基本給、賞与その他の待遇について派遣先の社員との不合理な待遇差を設けてはいけません。

パートタイム・有期雇用労働法第8条｜不合理な待遇の禁止

会社は雇用する短時間で期間の定めのある働く人の基本給、賞与その他の待遇に正社員と不合理な待遇差を設けてはいけません。

Point　労働契約法第20条、パートタイム・有期雇用労働法第8条の「不合理な労働条件」とは？

1. 職務の内容（業務の内容及び当該業務に伴う責任の程度）

2. 当該職務の内容及び配置の変更の範囲

3. その他の事情を考慮して、個々の労働条件ごとに判断

※通勤手当、食堂の利用、安全管理、割増賃金、精勤手当、作業手当などについて正社員と非正規雇用の人の労働条件を相違させることは、上記1.～3.を考慮して、特段の理由がない限り、合理的とは認められないと解されます。

判例

正社員との待遇の差について不合理と認められた例

　非正規雇用である契約社員が、正社員との待遇の差について裁判を起こしました。配車ドライバーである契約社員は待遇の格差として一時金、退職金、無事故手当、作業手当、給食手当、住宅手当、皆勤手当、家族手当、通勤手当に関して「不合理な相違」を主張。これに対し、無事故手当、作業手当、給食手当、皆勤手当、通勤手当について支給しないことは不合理と裁判で認められ、差額相当額の損害が認定されました。

→ハマキョウレックス事件／最高裁小判決　平30・6・1

Point　業務内容が同じというだけで判断はできない

「同一労働同一賃金」といっても、単純に同じ仕事をしているから賃金格差をなくす、というものではありません。責任の有無や将来的な転勤の有無など、さまざまな条件の違いが正規雇用と非正規雇用の間にはあります。上記の判例でも、一時金や退職金、住宅手当、家族手当についての待遇の差は不合理とはいえないとして、変更されませんでした。

ただし、業務の内容に正社員との明らかな違いをもたせるようにする、明らかな単純作業のみを業務とする（スキルアップが図れない）、正社員と同様の手当を付けるが基本給を下げるなど、会社が「同一労働同一賃金」から逃れようとする場合もあります。

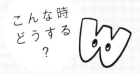

こんな時
どうする
？

コロナ禍以来、社内ではテレワークや時差通勤が認められるようになっています。ただし、それは正社員に限られていて、派遣社員には認められていません。

　不合理な労働条件の違いは、修正することができる場合があります。コロナ禍におけるテレワークや時差通勤は、通勤途中や会社での感染を防ぎ、働く人の命や健康を守るための新しいルール。「同一労働同一賃金」のガイドラインでは、安全に関する措置・給付について「派遣先の通常の働く人（正社員）と同一の業務環境に置かれている場合には同一の措置・給付を行わなければならない」とされています。正社員も派遣の人にも大切さに違いはありません。正社員と同じようにテレワークや時差通勤ができる仕事内容にもかかわらず、させてもらえないのは、合理的な理由がなければ違法です。派遣労働者にも労働契約法第20条などの適用が認められています[1,2]。派遣元を通して、正社員と同じような扱いをするように相談することをおすすめします。

[1]：　パートタイム・有期雇用労働法第8条　不合理な待遇の禁止
[2]：　労働者派遣法第30条の3　1項　不合理な待遇の禁止等

60歳で定年を迎えたら
再雇用してもらえるか心配です

「高年齢者雇用安定法」により、
会社は働く人が
65歳になるまで雇用機会を
確保する義務があります

心身ともに問題がなければ、会社には再雇用の義務がある

　「高年齢者雇用安定法」は、65歳まで働くことを希望する人（正社員）が、その機会を得られるよう守るための法律です。60歳で定年なら、会社は高年齢者の雇用を確保する措置として「継続雇用制度」を導入し、希望者全員をその対象としなければなりません。

あなたを守ってくれる法律

高年齢者雇用安定法第9条｜高年齢者雇用確保措置

定年が65歳以下の会社は、雇用している高年齢者が65歳まで安定して働けるように以下のうちのどれかをしなければなりません。

1. 定年の引き上げ

2. 希望すれば、定年後も65歳まで引き続き雇用

3. 定年の廃止

高年齢者雇用安定法第15条｜再就職援助措置

会社は解雇等により離職が予定されている45歳以上65歳未満の働く人が希望すれば、求人の開拓など再就職の援助をするよう努めなければなりません。

高年齢者雇用安定法第4条2項｜事業主の責務

会社は働く人が意欲と能力に応じて働くうえで必要な援助を行うように努めなければなりません。

Point　定年後に継続雇用されないこともある

重大な解雇の理由にあたるような事情があったり、働き続けるのが難しい健康状況であったりするなど、客観的に合理的な理由で一般常識的にも納得できる場合には、継続雇用されないことがあります。

判例

まったく違う職種への再雇用は違法

　大学卒業後、事務職で主任を務めていた人が、60歳の定年退職後に会社から再雇用として提案されたのは清掃業務でした。その仕事内容に不満を感じた働く人が会社を訴えました。裁判所は、「適格性を欠くなどの事情がない限り、まったく別の職種への業務内容変更を提示するのは、あえて屈辱感を覚えるような仕事を提案して定年退職せざるを得ないように仕向けた疑いもある」として、会社に慰謝料の支払いを命じました。

→トヨタ自動車ほか事件／名古屋高裁判決　平28・9・28

Point　法改正により70歳まで働けるようになる

高年齢者雇用安定法が改正され、努力義務ではありますが、再雇用の年齢制限が70歳まで引き上げられることになりました（2021年4月1日施行）。人手不足を補い、年金などの社会保障を担う働き手を増やすのが狙いです。この改正法が施行されると、今の高年齢者の雇用確保措置[1]（181ページ参照）の上に、①別の会社への再就職、②フリーランス契約への資金提供、③企業の後押し、④社会貢献活動への参加支援、の4つを加え、会社はこれらのうちのいずれかを行うよう努めなければなりません。

[1]：高年齢者雇用安定法第9条　高年齢者雇用確保措置

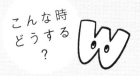

再雇用として働くことになりました。
定年前と同じ業務内容なのに、
賃金面で不満があり折り合いがつきません。
どうしたらいいでしょうか？

　会社と働く人は、再雇用の契約時に労働契約を交わすことになります。その際、会社は「事業主の合理的な裁量の範囲での条件」として賃金や労働条件の一部を見直すことになり、お互いが納得できる条件で契約することが大切です。

　パートタイム・有期雇用労働法第8条では、同一企業内における正社員とパートタイマー・有期雇用労働者との間で、基本給や賞与などあらゆる待遇について不合理な待遇差を設けることを禁止しており（いわゆる「同一労働同一賃金ガイドライン」）、このルールは定年後の再雇用による有期雇用にも適用されます。ただし、基本給、能率給及び職務給等の相違は不合理とはいえないとした「長澤運輸事件」という最高裁判例があり、最終的には話し合いによる解決が必要です。

弁護士からひと言 ❻

職場でのトラブルを解決するために
まずは法律を知っておきましょう

トラブルを解決するために国はさまざまな方法を用意しています。しかしながら、調停も裁判も始めれば長期間にわたり行うことになるため、人生設計に影響を与えることもあります。そんなときに、法律を知っていると、事態が悪化する前に回避できる場合があります。法的手段に訴える前にすこし立ち止まって、法律を上手に利用しておだやかに回避する方法を検討してみましょう。

自分だけではどうにも解決できない場合、「訴える」という手段を考えてしまう人が多いようですが、解決策がいろいろあることも知っておきましょう。例えば、一定の金銭解決でよいのであれば、労働審判をおすすめします。長丁場の本格的な訴訟を考えている場合であれば、賃金仮払の仮処分を利用する方法があります。あなたが抱えているトラブルには、どんな解決策があるのかについて次ページからの「知っておこう　トラブル解決策」を参照してください。トラブルが起きたときに相談できる窓口や相談のための手続きを紹介しています。

知っておこう
トラブル解決策

相談窓口・相談方法・解決手段

どこに相談する？

トラブルが起きたとき、どこに相談すればいい？

　賃金、解雇、ハラスメント……、仕事の悩みを抱えつつも、解決策が見つからないという人たちのために、労働基準監督署、都道府県の労働局、自治体の労働相談センターなど、さまざまな相談窓口が設けられています。ここでは主な相談窓口について紹介します。

相談窓口の種類	適した相談内容
労働基準監督署	労基法、安衛法、労災保険法関連
都道府県労働局	労働個別紛争全般
労働相談情報センター	労働相談全般
労働事務所	労働相談全般
労働委員会	労働相談全般
労働局雇用環境・均等室	均等法、パート有期法、育児・介護休業法
弁護士会・法テラス	労働相談全般

労基法＝労働基準法、安衛法＝安全衛生法、均等法＝男女雇用機会均等法

［労働基準監督署］

　労働基準監督署は、労働条件確保・改善の指導、安全衛生の指導、労災保険の給付などの業務を行っています。労働基準監督官には、事業場などの帳簿や書類の提出要求、会社（使用者）と働く人（労働者）に尋問を行う権限が法律で認められています。

　労働基準法違反などは、労働基準監督署に相談することで紛争が解決することがあります。

［都道府県労働局］

　各都道府県労働局では、個別紛争法に基づき、相談窓口を設けていることが多く、例えば、東京労働局では出先機関で総合労働相談コーナーを設けて解雇、労働条件、募集、採用、いじめ、嫌がらせ、セクハラなど、労働問題に関するあらゆる分野の相談を、専門の相談員が電話や直接面談で受けています。都道府県労働局長は、以下の男女雇用機会均等法第16条に定める紛争の当事者（働く人）、または会社から解決について援助を求められた場合に必要な助言、指導あるいは勧告を行います。

・性別を理由とする差別の禁止

・性別以外の理由での差別の禁止

・妊娠・出産などを理由とする不利益な扱いの禁止

・妊娠中及び出産後の健康管理に関する不利益な扱いの禁止

　会社は、働く人が紛争解決の援助を労働局に求めたことを理由に、働く人に対して不利益な扱いをすることを禁止されています。働く人または会社の申請があれば紛争調整委員会において調停が行われます。

［労働相談情報センター・労働事務所など］

　自治体が設けている労働相談情報センターや労働事務所では、主に労働組合と会社との間の交渉がうまく行かなくなるときなどに相談に乗っていますが、個別労働紛争のあっせんを行っているところもあります。

［都道府県労働局雇用環境・均等室（雇用環境・均等部）］

　厚生労働大臣は、男女雇用機会均等法に基づき、各都道府県の労働局内に雇用環境・均等室をおいて会社（事業者）に対して助言、指導、勧告を行っています。会社が勧告に従わない場合には、違反企業名を公表する制度も用意されています。

　雇用環境・均等室は、男女雇用機会均等法、パート有期法、育児・介護休業法に基づき、会社の指導や勧告を行っています。働く人や会社からの相談を受けて調停制度などの紛争解決援助も行っています。

［都道府県労働局需給調整事業課（需給調整事業室）］

　各都道府県労働局に設けられた需給調整事業課（需給調整事業室）では、ハローワーク以外の求人情報などについて相談を受け付けています。求人情報と実際の労働条件が違う場合などに相談します。

［都道府県窓口］

　各都道府県で独自に設置している労政事務所や労働相談窓口では、労働相談を受け付けています。住んでいる都道府県庁のホームページなどで確認してみましょう。

［ハローワーク］

　ハローワークの求人票に記載された労働条件と実際の労働条件が違う場合などにはハローワークに相談します。

［弁護士会　法律相談センター］

　各都道府県の弁護士会では法律相談センターを運営していて、労働相談を受け付けているところが多数あります。予約制、順番制など、各センターによって受付時間や相談時間が異なります。

　相談料は原則として30分以内5000円（税別）で、延長15分ごとに延長料金2500円（税別）が必要です。働く人による労働相談については、初回（30分）のみ無料で相談することができます。

　相談時に弁護士に事件を依頼することもできます。相談した弁護士にそのまま依頼する、あるいは他の弁護士を希望することも可能です。

［日本司法支援センター（法テラス）］

　経済的に余裕がない場合には、国（法務省が管轄）によって設立された日本司法支援センター（法テラス）で弁護士による無料相談を受けることもできます。法テラスは、法的なトラブル解決に必要な情報やサービスを提供するためのもので、電話やメール、面談で対応しています。無料の法律相談を受ける場合には、以下の条件があります。

・収入等が一定額以下であること

　（例：東京で1世帯の月収が手取り20万200円以下で、資産が180万円以下）

・和解、調停、示談により紛争解決の見込みがないとはいえないこと

・報復的感情を満たすだけや宣伝のためや権利濫用的な訴訟ではないこと

相談するためには？

相談をする際には、何を用意すればいいの？

　各種相談窓口に行く前には、事前準備が必要です。相談時間は制限なくあるわけではありません。限られた時間を有意義に使い、解決の糸口を見つけるためには、トラブルの内容をわかりやすく書面などにまとめて準備しておく必要があります。

［時系列でまとめた経緯］

　トラブルの発端、どのようなトラブルがあったのかを時系列でまとめましょう。時系列で経緯をまとめるときは、実際に起こったことだけを、5W1H（誰が、いつ、どこで、何を、なぜ、どのように）を意識して簡潔に箇条書きで記載します。自分の考えについては、記載しない、あるいは備考欄などにまとめると、わかりやすく伝えることができます。また、労働契約に関わるトラブルの場合は、働く人と会社との基本的な労働契約の内容がわかるよう、労働条件通知書や雇用契約書、就業規則、給与規程、給与明細、タイムカードの写し、会社とのメールのやりとりをプリントしたもの、会社の組織図などを用意しておきましょう。

［トラブルを証明する証拠］

　トラブルを解決するのに訴訟など紛争解決手続きへと発展した場合に必要なのが証拠です。基本的事項の説明や立証のために必要となるものもあるので、できるだけ資料を揃えておきましょう。

解雇・雇止めに関する紛争で用意する証拠

労働条件通知書

雇用契約書

就業規則

給与規程

給与明細

解雇通知（雇止め通知）書

　解雇や雇止めの場合は、その理由が争点となることが多く、働く人は会社に解雇理由の証明書を請求することができます。会社は働く人から解雇理由の証明書を求められた場合には、すぐに交付しなければならないことになっています。

　働く人は、解雇理由となっている事柄について、認識している事実を整理して時系列で記載し、メールのやりとりや業務日誌など関連する証拠があれば用意しておきましょう。

時間外割増賃金の請求に関する紛争で用意する証拠

労働条件通知書

雇用契約書

就業規則

給与規程・給与明細

タイムカードなどの写し

割増賃金を請求する場合には、過去2年間（2020年4月1日以降の分については3年間）の日々の実労働時間を立証する必要があるため、原則として勤務を開始した時間と終了した時間を示すタイムカードなどの出退勤記録、メール送信記録、パソコンのログなどの記録、業務報告書、勤務先が入居しているビルの出入場記録、通話記録、働く人のメモなどがあれば用意しておきます。パソコンのログなど、働く人が自分で入手できない証拠については、弁護士に案件を依頼して証拠保全手続きによって入手できる場合もあります。

　会社が出退勤管理をしていなかった事案で、労働者が対抗措置として、IC乗車券の勤務地の最寄駅の出入場記録を間接証拠・補助証拠として、働く人の手帳の記録等から労働時間を認定した判例もあります。（HSBCサービシーズ・ジャパン・リミテッド事件／東京地判決平23・12・27　判決労判1044号5頁）

セクハラ・パワハラに関する紛争で用意する証拠

労働条件通知書

雇用契約書

就業規則

給与規程・給与明細

被害を証明するメール、録音、手帳、日記

目撃者の同僚の証言

被害者本人の陳述書

左記のほかに、セクハラ・パワハラによる精神的な不調等のために通院した場合は、治療費の領収書、通院証明書、通院交通費を示す公共交通機関の料金を示したもの、健康診断書などで損害を立証します。

　セクハラやパワハラを受けたときには、加害者に対して不法行為に基づく損害賠償請求を行うとともに、会社にも使用責任に基づいて損害賠償請求をしたり、職場環境の調整を怠っていたのなら、雇用契約に基づく職場環境調整義務違反として債務不履行責任を追及できたりする場合があります。被害を受けたときには、いつ、どんな被害を受けたかを詳細に記録し、その証拠となるものがあるのなら用意しておくようにしましょう。

裁判以外でトラブルを解決する手段は？

裁判以外で解決するためには、どんな手段があるの？

　トラブルを相談する窓口や用意するものがわかっていても、実際に解決するとなると途端にハードルが高くなってしまいます。特に、裁判を起こすことは働く人にも大きな負担がかかってしまいます。そんなときのための、自治体の労働局（労働委員会）によるトラブル解決法を紹介します。

個別労働紛争のあっせん

　各都道府県労働局（労働委員会）には、働く人と会社の間に入り、労働条件をはじめとする個別のトラブルをうまく解決できるように取り計らう制度があります。これは「個別労働紛争のあっせん」という制度で、賃金や解雇など労働条件に関するトラブルについて働く人と会社の話し合いだけでは解決が困難な場合に、労働問題の専門家による紛争調整委員会によって解決の助けをしてくれるというものです。

　手続きは、申請書を労働局（労働委員会）に提出するだけで、あっせんの費用は無料です。申請書は会社が所在する都道府県の労働局（労働委員会）事務局に提出します。

　申請書が受理されると、申請した働く人と会社の双方に事前調査をして、その後、委員会のあっせん調整が行われます。あっせんによる調整では、働く人と会社、双方から個別に話を聴いて、トラブルを解決するための方針を提示するなどして解決策を導く、という流れです。

[労働紛争のあっせん手続きで注意すること]

　あっせんは、あくまでも話し合いによって解決の道を探るためのもので、会社と合意したとしても、それは単に「和解した」ということに過ぎません。その後に会社側が合意に違反したとしても強制執行する効力はないので注意しましょう。

　また、あっせんは原則1回しか行われないため、委員会によって解決の見込みがないと判断されたときはすぐに打ち切られてしまいます。それ以前に、会社側が手続きに参加しない場合は、あっせん不調となり、そこで終了となります。

　トラブルが働く人と会社の間で事実関係について争う内容である場合は、裁判のように丁寧に主張・立証することが難しいので、込み入ったトラブルの解決には向いていません。

性差別や非正規雇用の人への

不利益な扱いには援助・調停制度がある

　セクハラやパワハラなど「男女雇用機会均等法」に関連するトラブル、働きながら育児や介護をする人を守る「育児・介護休業法」に関するトラブル、そしてパートタイムで働く人への差別的な待遇を改善するための「パートタイム・有期雇用労働法」に関するトラブルについては、紛争調整委員会による援助や調停制度を利用できることが法律に定められています。

　各都道府県の労働局長、またはあっせん委員が公平な第三者として働く人とトラブルになっている相手との間に立ち、双方の意見を聴いた上で、解決策を提示してトラブルを解決する助けをするための行政サービスです。このサービスの特徴は以下になります。

　1. 厳正に中立を保ち、公平な立場からの援助

　2. 双方の歩み寄りを図り、トラブルを現実的に解決

　3. 迅速、かつ簡潔な手続き

　4. 無料

　5. 援助や調停の内容を公にせず、プライバシーを保護

　6. 援助や調停を利用したことによる働く人への不利益な扱いの禁止

　　時間や費用がかかる裁判に比べて、トラブルに悩んでいる働く人への負担を軽くするための制度です。この制度の申請をしたことを理由に解雇や配置転換、降格、減給などの不利益な扱いをすることは禁じられています。

［援助・調停の対象となる性差別などのトラブル］

　性別や妊娠・出産を理由とする差別、不利益な扱いなど、男女雇用機会均等法に関連するトラブルは、働く人が申請をすれば、都道府県労働局長に解決のための援助を求めたり、労働局内の紛争調整委員会の調停制度を利用することができます。ここでいう「援助」とは、働く人と会社の間に入って、双方の意見を聴き、中立的な立場で公正にトラブル解決のための助言や指導、勧告を行うことを意味します。

　援助や調停は、働く人と会社の間でのトラブルに対応するもので、労働組合と会社とのトラブル、集団的な労働紛争、働く人の間でのトラブルについては対象となりません。また、トラブルから1年以上経ったものも対象外になります。手続きは200ページをご覧ください。

どんなトラブルが援助と調停の対象になるの？

1. 募集・採用、配置（業務の配分及び権限の付与を含む）、昇進・降格、教育訓練、一定の範囲の福利厚生、職種・雇用形態の変更、退職勧奨・定年・解雇・労働契約の更新、以上に関する性別による差別的取扱い

2. 一定の範囲の間接差別（間接的に行われる性差別）

3. 婚姻を理由とする解雇等、妊娠・出産を理由とする解雇、その他不利益取扱い

4. セクシャルハラスメント

5. 妊娠中、出産後の女性の健康を管理するための母性健康管理措置

［援助・調停の対象となる育児・介護についてのトラブル］

　育児・介護休業法に関連したトラブルの解決を援助する制度には、都道府県労働局長による援助と専門家からなる調整委員会による調停があります。ここでいう「援助」とは、働く人と会社の間に入って、双方の意見を聴き、中立的な立場で公正にトラブル解決のための助言や指導、勧告を行うことを意味します。

　援助や調停は、働く人と会社の間でのトラブルに対応するもので、労働組合と会社とのトラブル、あるいは集団的な労働紛争である場合、働く人の間でのトラブルについては対象となりません。また、トラブルから1年以上経ったものも対象外になります。手続きは200ページをご覧ください。

どんなトラブルが援助と調停の対象になるの？

1. 「育児休業制度」「介護休業制度」に関連するトラブル

2. 「子の看護休暇制度」に関連するトラブル

3. 時間外労働の制限、深夜業の制限に関するトラブル

4. 勤務時間の短縮等の措置に関するトラブル

5. 育児休業等を理由とする不利益扱い

6. 労働者の配置についての配慮に関するトラブル

7. 子育て中の所定外労働の免除

8. 子育て中の短時間勤務制度に関するトラブル

9. 介護休暇制度に関するトラブル

[援助・調停の対象となる非正規雇用についてのトラブル]

パートタイムで働く人に対する差別的な取扱いや待遇の決定、仕事をするために必要な教育を受けられるようにすること、福利厚生を利用できるよう配慮することなど、パート有期法に関するトラブルにも、紛争調整委員会の調停制度を利用することができます。ここでいう「援助」とは、働く人と会社の間に入って、双方の意見を聴き、中立的な立場で公正にトラブル解決のための助言や指導、勧告を行うことを意味します。

援助や調停は、働く人と会社の間でのトラブルに対応するもので、労働組合と会社とのトラブル、あるいは集団的な労働紛争である場合、働く人の間でのトラブルについては対象となりません。また、トラブルから1年以上経ったものも対象外になります。手続きは200ページをご覧ください。

どんなトラブルが援助と調停の対象になるの？

1. 労働条件の文書交付等

2. 待遇の差別的取扱い

3. 職務の遂行に必要な教育訓練

4. 福利厚生施設の利用の機会の配慮

5. 通常の働く人への転換を促進するための措置

6. 待遇の決定についての説明

[援助を求める場合の手続きと流れ]

当事者である働く人からの援助の申し立てにより手続きが開始されます。申し立ては、労働局に直接行く、または電話で相談します。申請書を提出する必要はありません。

援助は、申し立てた働く人と対象となる被申し立て人それぞれに事情聴取をし、必要な場合は双方の了承を得て第三者にも事情聴取が行われた後に、問題解決に必要な助言、指導、勧告などをします。双方がこの援助を受け入れることで解決となります。一方で、申し立てが取り下げられた場合のほか、双方の歩み寄りが困難な場合、あるいは被申し立て人が非協力的で事情聴取に応じない場合、申し立てた人が死亡、あるいは会社が消滅した場合には打ち切りとなります。

[調停を求める場合の手続き]

調停では、調停委員が申し立てをした働く人と対象となる被申し立て人それぞれに事情聴取をし、トラブル（紛争）解決のための調停案を作成して、双方に調停案の受諾を勧告することによりトラブルを解決します。調停は、弁護士や大学教授、家庭裁判所家事調停委員、社会保険労務士等の労働問題の専門家によるもので、高い公平性、中立性、的確性が期待できるとされています。

手続きに際しては、調停申請書に記入して各都道府県の労働局雇用環境・均等室に提出します（ホームページからダウンロードして記入するほか、電子申請も可能）。

申請書には、申し立てる人の氏名・住所・連絡先、対象となる会社または会社に所属する人の名前・会社の所在地・連絡先を明記するとともに、調停を求める事項とその理由、これまでの紛争の経過、その他参考となることを記入します。

［調停を求める場合の流れ］

　調停は、申請書が受理されて調停が必要と判断された場合にのみ行われます。管轄違いであったり、調停対象となる事項ではない場合には、申請書は受理されません。必ず会社の住所を管轄している労働局を確認して申請しましょう。

　調停では、まず関係する当事者からの事情聴取、さらに働く人からの申し立てがあり、必要と判断した場合には会社の代表者からの事情聴取が行われます。さらに、同僚やその他の参考人からの意見も必要な場合には聴取されます。

　事情聴取の後に調停案が作成され、当事者双方が調停案を受け入れたならば解決となります。

　一方で、申し立てが取り下げられた場合のほか、双方の歩み寄りが困難な場合、あるいは被申し立て人が非協力的で事情聴取に応じない場合、申し立てた人が死亡、あるいは会社が消滅した場合には打ち切りとなります。

裁判所でトラブルを解決する方法は？

手続きが簡単な民事調停

　労働関係のトラブルには、民事訴訟に基づく民事調停を利用することができます。民事調停は裁判所に申し立てを行う制度で、裁判官と一般市民から選ばれた調停委員2人以上からなる調停委員会が、トラブルを抱えた働く人とその相手とから言い分を聴いて、必要がある場合には事実調査をし、法律を基に譲歩を促してトラブルを解決します。

　民事訴訟裁判との違いは、非公開で行われること、費用が訴訟よりも安いこと、そして弁護士など専門家に頼まなくても1人で申し立てができることです。

　申し立てをする裁判所は、基本的には相手側（会社）のある住所を管轄する簡易裁判所になります。パワハラ、セクハラ、金銭問題など、非公開で行うことが望まれるトラブルに適しています。

［民事調停の手続きと流れ］

　申し立てには簡易裁判所の申し込み用紙に記入して提出します。その後、指定した調停期日を決めて申し立てをした人と相手側、調停委員会の話し合いをして合意を目指します。相手側が調停に応じない場合は、不成立となりますが、申し立ての内容によっては裁判所が申し立てをした人の言い分を聴いた上で公正な立場から考慮し、解決のために必要な決定をします。2週間以内に相手からの異議申し立てがない場合には、調停成立と同じ効果が生じます。通常申し立てが行われてから成立するまでには、2～3回の調停期日が設けられます。

[民事調停を利用するときの費用]

　裁判所に納める手数料は、申し立て内容により異なります。訴訟に比べて安くなります。例えば10万円の賃金の返済を求める場合、訴訟では1000円、調停では500円になります。

[民事調停による合意の効果]

　民事調停は合意によるトラブル解決を目指すためのもので、合意できた場合の調停調書には確定判決と同じ効力があり、後から不服の申し立てはできません。調停調書で約束した事項が守られなかった場合には、調停調書に基づいた強制執行が行われます。

非公開に短期間での解決を望むなら労働審判

　労働審判は、裁判官と労働問題の専門知識を持つ労働審判員2名からなる労働審判委員会によって、話し合い（調停）でのトラブルの解決を試みながら、合意に至らない場合には審判を行う制度です。

　民事訴訟裁判との違いは、非公開であり、原則として3回以内の期日で行われることです。ただし、自分1人で申し立てができる民事調停とは違い、法律の専門家である弁護士に申し立てを依頼することが望ましいとされています。

　申し立てをする裁判所は、基本的には相手側（会社）、または申し立てをする人が働いている（働いていた）事業所のある住所を管轄する地方裁判所になります。

［労働審判の手続きと流れ］

　申し立ては、申し立てをする人が1人でもできますが、訴訟手続きと変わらない主張や立証を短期間でしなければいけないため、法律の専門家である弁護士に依頼することが望ましいでしょう。

　申し立てをした後は、審理・調停をする期日を決め、3回以内の期日の中で、事実関係や言い分を確認して争いになっている点を整理し、権利関係を踏まえつつ、事案の事情に即した解決を目指します。

　話し合い（調停）で合意できれば調停成立、できなければ労働審判委員会による審判を提示し、異議がなければ確定、異議がある場合には労働審判失効となり、訴訟手続きへと移行することになります（労働審判の申し立てがあったことで、訴訟の提起があったと判断されるからです）。

［労働審判を利用するときの費用］

　裁判所に納める手数料は、申し立て内容により異なります。訴訟に比べて安くなります。例えば10万円の賃金の返済を求める場合、訴訟では1000円、労働審判では500円です。ただし、弁護士に依頼する費用が別途必要になります。

［込み入った事情があるトラブルは労働審判に向かない］

　労働審判は期日の回数が限られており、パワハラなど細かく事情を説明するトラブルは立証を尽くすのが困難とされる場合があります。

1回の審理で判決が下される少額訴訟

　60万円以下の金銭の支払いを求める場合にのみ、原則1回の審理で判決を下す少額訴訟手続きが利用できます。審理は裁判官と司法委員により、訴える相手側（会社）の住所を管轄する簡易裁判所にて行われます。賃金の未払いなど金銭的なトラブルに向くとされています。

［少額訴訟の手続きと流れ］

　申し立てをする人が、簡易裁判所に訴状と証拠書類を提出したところで審理する期日を決めて相手側に呼び出し状と証拠書類が送られます。相手側が申し立てに対する答弁書、証拠書類を裁判所に提出し、それを申し立てをした人に送ります。双方が期日までに追加の証拠書類や証人を準備して審理が行われ、即日和解、または判決が下されます。判決の翌日から2週間以内に異議を申し立てなければ、判決確定となり、相手側が従わない場合には強制執行されます。もし、相手側から異議申し立てがあった場合には、通常の審理及び裁判をすることになります。

［少額訴訟をするときに注意すること］

　少額訴訟は1回の審理で判決が下されるので、事前に証拠を用意します。契約書や領収書、覚書などです。また事情がすぐにわかるように事情説明書も用意しておきましょう。

法令正式名称

男女雇用機会均等法→ 雇用の分野における男女の均等な機会及び待遇の確保等に関する法律

育児・介護休業法→ 育児休業、介護休業等育児又は家族介護を行なう労働者の福祉に関する法律

労災保険法→ 労働者災害補償保険法

雇用対策法→ 労働施策の総合的な推進並びに労働者の雇用の安定及び職業生活の充実等に関する法律

労働施策総合推進法→ 労働施策の総合的な推進並びに労働者の雇用の安定及び職業生活の充実等に関する法律

女性活躍推進法→ 女性の職業生活における活躍の推進に関する法律

労災保険法→ 労働者災害補償保険法

パート有期法（パートタイム・有期雇用労働法）→ 短時間労働者及び有期雇用労働者の雇用管理の改善等に関する法律

同一労働同一賃金推進法→ 労働者の職務に応じた待遇の確保等のための施策の推進に関する法律

労働者派遣法→ 労働者派遣事業の適正な運営の確保及び派遣労働者の保護等に関する法律

高年齢者雇用安定法→ 高年齢者等の雇用の安定に関する法律

最高裁→ 最高裁判所

東京地裁→ 東京地方裁判所

参考文献

『ポケット六法　令和2年版』有斐閣

『アルバイト・パートのトラブル相談Q&A』岩出誠編集代表、ロア・ユナイテッド法律事務所編　民事法研究会

『手にとるように労働法がわかる本』岩出誠著　かんき出版

『ジュリスト増刊　労働判例精選　第2版』岩村正彦・中山慈夫・宮里邦雄編　有斐閣

『別冊Jurist　労働判例百選　第9版』村中孝史・荒木尚志編　有斐閣

『知って役立つ労働法　働くときに必要な基礎知識　平成31年4月更新版』厚生労働省

『新型コロナウイルス労働問題　2020年5月1日版』日本労働弁護団

『労働法実務大系　第2版』岩出誠著　民事法研究会

厚生労働省ホームページ

岩出誠 いわで・まこと

弁護士。1951年千葉県生まれ。都立日比谷高校、千葉大学人文学部法経学科（法律専攻）卒業。東京大学大学院法学政治学研究科（労働法専攻）修了。ロア・ユナイテッド法律事務所代表パートナー。東京弁護士会所属。明治学院大学客員教授、東京都立大学法科大学院非常勤講師。労働法の分野を得意とし、数多くの事例に関わりつつ企業の人事制度の改善などのアドバイスを行っている。編著書などに『労働法実務大系 第2版』、『アルバイト・パートのトラブル相談Q&A』（ともに民事法研究会）、『働く人のための法律相談』（青林書院）、『新労働事件実務マニュアル 第5版』（ぎょうせい）、『雇用機会均等法・育児介護休業法 第2版』（中央経済社）、『手にとるように労働法がわかる本』（かんき出版）他多数。

ブックデザイン　守屋圭
イラスト　仲島綾乃
構成・編集　高木香織

働く人を守る！
職場六法

2021年1月19日　第1刷発行

著者	岩出　誠
発行者	鈴木章一
発行所	株式会社講談社
	〒112-8001　東京都文京区音羽2-12-21
販売	TEL 03-5395-3606
業務	TEL 03-5395-3615
編集	株式会社講談社エディトリアル
代表	堺公江
	〒112-0013　東京都文京区音羽1-17-18
	護国寺SIAビル6F
	TEL 03-5319-2171
印刷所	株式会社新藤慶昌堂
製本所	株式会社国宝社